CU00866184

Stefano Gallone

APOCALYPSE OVER
Il volto umano e la fine fuori campo

Introduzione

La realtà individuale contemporanea, nel corso del secolo in cui sono padroni assoluti l'interconnessione e l'estrema rapidità di utilizzo tecnologico, attraversa costantemente situazioni in cui, però, è il vissuto personale dell'essere umano - soprattutto occidentale - ad essere messo in silenziosa discussione tra le censorie righe di crisi economiche e culturali che rischiano costantemente di prendere il sopravvento sulle effettive capacità e possibilità di maturazione di sogni e desideri ben oltre il mero dato materialistico. L'esistenza individuale ha assunto, nel pensiero di molti esseri umani - non soltanto a noi contemporanei ma di certo in maniera nevrotica e destabilizzante ora più che mai - la consistenza negativa di un fardello da estirpare in qualità di tumore esistenziale spossante per una sempre e comunque ricercata armonia nei confronti della realtà sociale, politica e culturale all'interno della quale si è nati e, di conseguenza, costretti a vivere superando ostacoli di natura burocratica, materiale e interpersonale sempre un gradino più elevati.

Ne consegue, dunque, la necessità di ritrovare una sorta di respiro per coloro i quali non accettano di vivere, in un certo senso, sottomessi al dominio sia pratico che ideologico di un mondo sociale e culturale dall'inarrestabile espansione mediatica e ingegneristica ma retrogrado e noncurante in merito ad elementi basilari del vivere sia individuale che comune.

La metafora della fine del mondo, la visione interiore dell'Apocalisse biblica in qualità di mezzo espressivo attraverso il quale puntualizzare il proprio desiderio di espiazione del peccato originale insito nella perdita di una profonda spiritualità tanto individuale quanto reciproca in pensieri condivisi o azioni concrete, ricorre spesso in opere appartenenti a diversi campi artistici proprio in funzione dell'espressione di questo ormai costante sentimento di estremo bisogno nei confronti di argomentazioni relegate a questioni, a volte, di tornaconto personale di gran lunga estraneo al desiderio di un ritorno - non per forza retrogrado - verso una concezione della realtà ben diversa da fattori materialisti di eventuale arrivismo ideologico dispersivo di contenuti veramente utili al vivere individuale e comune.

Ciò che di più profondo sopravvive nell'animo umano emerge a chiare lettere attraverso la giustapposizione di concetti ed espressioni significanti provenienti da personalità che, non a caso, utilizzano il linguaggio significante delle varie arti per dare corpo essenziale e necessario alla loro sensibilità artistica strettamente legata al bisogno estremo di esprimere la propria visione della realtà circostante offrendo, laddove possibile, una soluzione ben precisa talvolta attraverso un punto di vista votato ad un certo negativismo più o meno irreversibile, altre volte per tramite di una costruzione dell'opera tale da fornire una risposta a più domande di carattere eterogeneo.

Il cinema, in quanto arte, gode ovviamente di un suo specifico linguaggio audiovisivo che può - e deve - fornire la sua personalissima visione esistenziale in funzione della sua potentissima capacità di offrire percezioni e punti vista eterogenei, intavolando discorsi filmici che fanno del film stesso soltanto un trampolino di lancio - per quanto di enorme impatto e valore - per ulteriori spunti di riflessione affidati all'individuo-spettatore in qualità di ricettore ultimo e, più di tutto, fautore di una eventuale messa in pratica personale degli indizi di cura spirituale forniti dalle immagini sullo schermo.

L'utilizzo dell'argomento apocalittico, in tutto ciò, accorre a sottolineare una estrema necessità di ricezione percettiva nel suo permettere all'opera di non fornire all'individuo facili vie di scampo concettuale, in modo tale da costringere i protagonisti delle varie tipologie di narrazione ad intraprendere dei percorsi - forzati o volontari che siano - che possano fronteggiare la metaforica fine dei giorni secondo modalità differenti, ognuna delle quali concorre ad evidenziare aspetti ben precisi legati a diverse tipologie di comportamento umano. Relegando l'Apocalisse sullo sfondo, nel fuori campo della narrazione complessiva, l'autore cinematografico - non soltanto regista, come si vedrà - ha il compito, quando sceglie di assumersene la responsabilità, di offrire, in fin dei conti, una personale visione della realtà prettamente umana attuale, con conseguente suggerimento di adeguamento se non proprio soluzione potenziale.

Partendo, dunque, dal dato essenzialmente umano relativo alla fine del mondo come grande metafora di una condizione sociale, civile, talvolta politica ma soprattutto esistenziale per molti ridotta a macerie, sarà possibile evidenziare i metodi, gli stili e le argomentazioni poste in essere da determinate personalità cinematografiche a noi particolarmente contemporanee. Avviando il discorso sulla scia di spunti di ricerca approfonditi, verranno analizzati nel dettaglio sei autori per altrettanti film cercando di porre in essere un filo conduttore che leghi ognuno di essi attraverso la tematica apocalittica di fondo ma operando un percorso che parta da pellicole concettualmente più difficili, o comunque linguisticamente sperimentali, per approdare sulla

5

sponda di produzioni di scala commerciale più vasta ma profondamente radicate nell'arte cinematografica in qualità di linguaggio significante. Nel fare ciò, sono stati utilizzati testi sia di carattere cinematograficamente tecnico-teorico che pubblicazioni legate a fattori sociologici e antropologici, in maniera tale da mettere a punto, nel corso dell'analisi di ogni rispettivo film, una sorta di accennato retroterra ideologico da poter utilizzare per meglio puntualizzare i dati salienti di opere e autori.

Ecco, dunque, che firme socio-antropologiche importanti come quelle di Ernesto De Martino o Neil Postman, legate agli studi sul trascendente di Paul Schrader o alle analisi filmologie legate al vissuto ricettivo dell'individuo-spettatore di Roberto Nepoti, ad esempio, concorrono alla creazione dell'incipit tecnico-tematico che si sviluppa spontaneamente, poi, nell'excursus analitico tra le opere di registi anche di nicchia ma importanti per l'evoluzione del linguaggio cinematografico, come l'ungherese Béla Tarr o - in un ambito ricettivo meno ermetico - il giovane statunitense Jeff Nichols, per considerare, poi, anche produzioni a più alto budget e di maggiore portata distributiva, come quelle dei ben più noti Lars von Trier, M. Night Shyamalan o Alfonso Cuaròn.

Questa predisposizione critico-analitica avverrà sottoforma di raggruppamento tematico per coppie di registi e opere più o meno legate tra di loro attraverso un nucleo concettuale o stilistico. Dopo aver elencato e puntualizzato i metodi di analisi assorbiti dalle varie letture (capitolo 1), verranno passate in rassegna pellicole dal comune carattere costitutivo riguardante il rapporto con la natura legato ad una condizione interiore prossima alla paralisi (capitolo 2), il vissuto individuale di schizofrenia e

6

depressione come punto focale per disagi personali nei confronti di se stessi e dei propri simili (capitolo 3) per approdare, infine, alla considerazione del sacro inteso più in ambito di recupero umano che sottoforma di concezione religiosa (capitolo 4).

Al termine del nostro excursus analitico, è stata inserita un'appendice fotografica utile a visualizzare dettagli salienti delle opere studiate.

1
Di apocalissi in Terra

Il termine *Apocalisse* proviene dal greco ἀποκάλυψις, ovvero *Apocalypsis*, parola composta da *apò*, che sta per "separazione", e *kalýptein*, che equivale a "nascosto". Il significato complessivo di *Apocalisse*, allora, risiede nella figurazione del togliere via ciò che copre qualcosa e dunque, più analiticamente, nella simbologia intellettuale della scoperta o, meglio ancora, della rivelazione.

Istintivamente, sia per conoscenze personali o indotte da dottrine ecclesiastiche insediate in alcune branche dell'istituzione scolastica occidentale (dall'istruzione infantile ai più approfonditi studi accademici dell'età matura), sia per indebite attribuzioni derivanti da massificazioni eccessive finalizzate a scopi terzi[1], il

---

[1] Il famoso caso della presunta profezia Maya legata alla data del 21/12/2012 ha originato diverse categorie di pensiero o azioni umane spesso spropositate se non sconclusionate, segnate quasi unicamente da un fattore superstizioso molto spesso capace di tralasciare, eventualmente, reali significati metaforici capaci di andare ben oltre il solo dato pratico. Il fatidico 21 dicembre 2012, infatti, deteneva una consociazione da fine ciclo unicamente umano e quanto mai spirituale, ma il suo utilizzo materialista si è reso utile quasi esclusivamente alla produzione di prodotti audiovisivi catastrofisti anche di infima fattura.
Come ulteriore risultato pratico, inoltre, larga parte della popolazione mondiale ha pensato bene di organizzare raduni di social network per veri e propri "party di fine del mondo", di fatto profanando la sostanziale sacralità concettuale e spirituale del dato storico e intellettuale.
Quasi allo stesso modo, il 1999 è stato, forse, più l'anno del *millennium bug* informatico che il grande giro di boa metaforico circa la speranza di un qualunque recupero morale e intellettuale nel millennio alle porte. Dimostrare proprio la capacità di alcune produzioni audiovisive, nello specifico cinematografiche, ben oltre il solo dato catastrofista da mero

concetto di Apocalisse viene da sempre associato all'omonima trascrizione biblica di fine del mondo, quindi a un dato religioso terminale in cui la scoperta e la rivelazione riguardano ciò che Dio onnipotente ha sempre celato alla vista umana e che, quindi, si appresta a svelare attraverso un resoconto scritto di natura profetica.

Chiunque abbia la pur minima esperienza concettuale religiosa di stampo cattolico non può nascondere di non essere mai venuto a conoscenza del testo biblico finale, vale a dire l'*Apocalisse di Giovanni* del Nuovo Testamento che, tuttavia, non rappresenta affatto l'unico scritto esistente in ambito di Giudizio Universale divino. La letteratura apocalittica, infatti, consiste in diverse opere che esulano anche dalla concezione biblica puramente cristiana - con tutte le sue diramazioni di movimenti e gruppi religiosi millennialisti - per avanzare anche in campi quali l'ebraismo o anche la dottrina islamica in cui però, di fatto, sopravvive una comune concezione per il nascosto, per l'attesa del disvelamento definitivo e purificatore ad opera del Messia. Questa rivelazione finale ha ovunque, in sostanza, lo scopo principale di condannare definitivamente l'allontanamento dell'uomo dalla sua primordiale unificazione con lo spirituale, il divino, l'assoluto. Una scissione, insomma, che ha reso l'essere umano qualcosa di perennemente in bilico tra la perdizione e la pace interiore, nella frustrazione dell'assenza o scarsa sostanza di realizzazione individuale sulla Terra, nel qui e ora del suo esistere sia individuale

---

blockbuster, quindi rivolto proprio al recupero di quella sacralità primordialmente spirituale benché tutta umana, è proprio lo scopo principale di questa tesi.

che corporativo e sociale, dalle sue origini alle sue attuazioni di ordine contemporaneo.

Non sarà difficile intuire - come non lo è stato affatto e non lo è tuttora per numerose categorie di divulgazione accademica - che il concetto stesso di religione, con tutte le sue diffusioni testuali storico-dottrinali, equivale ad assoluta e nobile filosofia puramente umana dotata di una ricchezza spirituale metaforica di portata coscienziosa e concettuale a dir poco sterminata; filosofia che, proprio per una sua eccessiva libertà di interpretazione, ha portato l'uomo a compiere razzie e stermini di massa, intavolare conflitti bellici, affogare divergenze ideologiche nel sangue o nel silenzio assoluto di chi, parlando, smuoverebbe almeno una pedina sulla scacchiera dell'esistere collettivo, facendo della propria figura qualcosa di colpevolmente debitore nei confronti di qualsivoglia virtù soggettiva e della reale sostanza dell'essere al mondo.

Il punto focale di una qualunque Apocalisse scritta, allora, non può che essere quello relativo alla metafora che la fine di tutte le cose riserva alla colpevolezza umana dell'abbandono del divino, dove per divino si intende quanto di più puro, coscienzioso e sostanzialmente utile alla vera evoluzione umana - quella interiore, concettuale, ideologica, fortemente basata su una memoria storica sempre meno considerata punto cardine del divenire unicamente umano - sia andato perso, nel corso degli anni, dei secoli o dei millenni, in varie se non sterminate sfaccettature, per lasciar posto indebito a fattori di mera pregnanza occasionistica o eliminatoria per il diverso, per l'altro da sé sia fisico che intellettuale.

L'Apocalisse scritta e metaforicamente interiorizzata, dunque, corrisponde alla possibilità di una redenzione definitiva continuamente offerta ad un individuo che continua - ancora oggi -

a rifiutarla o a non considerarla come tale, una redenzione che è sinonimo di ricchezza interiore e prosperità morale sempre più debole di riferimenti terreni concreti che possano fare dell'individuo un esecutore consapevole delle proprie personalissime disponibilità umanitarie.

Di fronte al concetto apocalittico, se l'uomo arriva ad essere consapevole delle proprie colpe e delle proprie responsabilità deviate, è solo grazie alla potenza ineguagliabile del terrore supremo di fronte alla propria inadempienza a considerare se stesso come parte importante - se non fondamentale - del tutto esistenziale. Ma proprio questo terrore deriva dall'erronea interpretazione del messaggio unilaterale, ovvero quell'elemento portante relativo alla speranza nella fattibilità di pensieri tramutabili in azioni che possano, in qualche modo, riaccendere il lume delle finalità del proprio essere al mondo. Rivelazione e scoperta in relazione alla fine di tute le cose, dunque, non sono elementi da considerare come garanzie sulla visibilità futura del volto di questo o quell'altro Dio o come imminenza di questa o quella catastrofe per la quale occorre chissà quale purificazione ecclesiastica a suon di indulgenze e *mea culpa*: in visione del tutto laica, ovviamente, la resurrezione dai morti, altro non è che la possibilità offerta continuamente all'individuo di risorgere dal punto di vista principalmente interiore al cospetto di una nuova epifanizzazione possibile in termini di consapevolezza della propria urgenza etica e morale al servizio di un recupero di ciò che è andato perso o di ciò che è rimasto segregato nel cassetto dei desideri generazionali in termini morali e, di conseguenza, quotidianamente anche pratici.

1.1. L'Arte come risoluzione spirituale

«L'inferno dei viventi non è qualcosa che sarà; se ce n'è uno, è quello che è già qui, l'inferno che abitiamo tutti i giorni, che formiamo stando insieme». Così sentenziava, nel 1972, lo scrittore italiano Italo Calvino per bocca di Marco Polo nell'ultimo frangente del suo *Le città invisibili*[2], uno dei testi esemplari di arte letteraria (proveniente da uno degli autori) più metalinguisticamente coinvolgenti di quasi tutta la storia della letteratura italiana. Facendo un uso a dir poco perfetto dell'enorme possibilità concettuale fornita dal dato metaforico, Calvino fa di *Le città invisibili* una descrizione continua di agglomerati sociali o, talvolta, individuali presenti unicamente nell'inconscio, nell'anima e nel desiderio di realizzazione puramente umano insito nell'individuo, gettando così delle basi solidissime in favore di una moderna concezione artistica capace di prendere in prestito concetti accademicamente valutati in secoli e secoli di genio intellettuale, per poi trasportarli nella contemporaneità di idee - molto spesso sensazioni - altrimenti estremamente difficili da spiegare adeguatamente perché consistenti in concetti da vivere, più che da studiare. Se leggendo quelle parole, in sostanza, si riesce ad arrivare a percepire se stessi come parte di un tutto di difficile attuazione e, di riflesso, bisognoso di un continuo ripristino di coscienza e morale - per quanto invisibile - ecco che, allora, si apre la porta che conduce alla tavola rotonda della compiuta espressione di senso amplificata dal potere incommensurabile di parole-immagini esclusivamente votate alla rappresentazione di soluzioni

---

[2] Italo Calvino, *Le città invisibili* (pag. 160, edizione 2012, Mondadori).

assolutamente interiori eppure così tangibili e di portata così metaforicamente umana, qui e ora, non in Cielo, non altrove, bensì in Terra.

1536 e 1541 sono le due date che delimitano l'arco di tempo durante il quale Michelangelo Buonarroti ha speso la sua vita quotidiana nella produzione di una delle opere pittoriche più monumentali dell'intera storia dell'umanità. *Il Giudizio Universale* troneggia sull'altura retrostante l'altare della Cappella Sistina dei Musei Vaticani in Roma; il tema religioso narrato dalla raffigurazione complessiva predispone nella scena immortalata un'iconologia di stampo classicamente riconoscibile - raffigurazioni angeliche, Cristo giudice, santi, demoni, superiorità divine - ma è lo stato d'animo dell'uomo-autore a prevalere laddove ad essere rappresentata attraverso il linguaggio pittorico è la realtà a lui contemporanea fatta di contrasti interiori, timori religiosi in netto disaccordo con ingiustizie terrene, fedi sormontate da una Roma perversa e corrotta nei costumi in cui, come lui stesso scrive in versi di suo pugno, «'l sangue di Cristo si vend'a giumelle»[3]. L'amore del Buonarroti per Dante Alighieri rivela tutta l'ammirazione per la sostanza di allegorie, simboli, elementi che oltrepassano la pura natura formale per accendere una luce fondamentale sulla massima espressione dell'individualità più pura e sincera. Come attesta la puntualissima analisi di Salvatore Quasimodo, «ai vangeli male interpretati, schiavi del fanatismo o del rumore del mondo, egli sostituisce l'arroganza delle tempeste interne che lo scuotono, insolute», al fine di espletare nel più

---

[3] Michelangelo Buonarroti, *Rime*, citato da *Apocalisse terrestre di Michelangelo* di Salvatore Quasimodo in *L'opera pittorica completa di Michelangelo*, Classici dell'Arte Rizzoli (pag. 6).

efficiente dei modi possibili una forma d'arte nuova che riesca ad inserirsi «tra la pittura e la poesia, fatta di linguaggi trasmentali[4]».

Un'opera mastodontica come *Il giudizio Universale*, dunque, non ha il compito di mostrare le pene umane in maniera esclusivamente diretta ma cerca di esaminare a fondo il concetto di tormento, dolore e disperazione, paura e angoscia che attanaglia lo strato interiore dei condannati. Perno dell'ambito più strettamente allegorico, allora, è la fragilità umana, la sua perenne inclinazione al peccato: tutte sensazioni rese visione dalla crisi spirituale vissuta dall'autore in prima persona.

La percezione complessiva tanto per Calvino quanto per il Buonarroti - in questa nostra estrema semplificazione storico-artistica unicamente votata all'espressione di senso - è in sostanza quella di un'umanità al cospetto di un' "inferno" e di una "fine del mondo" assolutamente attuale e perfettamente tangibile al tatto di una visione intellettuale spinta necessariamente oltre il senso dell'operare comunemente globalizzato. Inferno e fine del mondo sono ciò che si trova già qui ora, nel preciso istante in cui scriviamo queste considerazioni mentre il traffico metropolitano disturba il nostro desiderio di concentrazione, in attimi interminabili di incompiutezza personale e interpersonale per cause di forza maggiore sociali, politiche, economiche, morali o intellettuali aderenti ad una umanità troppo semplicisticamente - per quanto in maniera tristemente corretta, il più delle volte - descritta come al capolinea civile.

---

[4] Salvatore Quasimodo, *Apocalisse terrestre di Michelangelo* in *L'opera pittorica completa di Michelangelo*, Classici dell'Arte Rizzoli (pag.7).

L'inferno e la fine metaforica di tutte le cose, dunque, è qui e adesso più che mai, stando a ripercussioni e fatti internazionali di portata tutt'altro che trascurabile, specie se su basi storiche colpevolmente accantonate a scopi mai veramente occulti. Ma Calvino concludeva anche così: «Due modi ci sono per non soffrirne. Il primo riesce facile a molti: accettare l'inferno e diventarne parte fino al punto di non vederlo più. Il secondo è rischioso ed esige attenzione e apprendimento continui: cercare e saper riconoscere chi e cosa, in mezzo all'inferno, non è inferno, e farlo durare, e dargli spazio».[5]

1.2. Santi, dèi e profeti in celluloide

Giunta cronologicamente quasi in ultimo - ma lungi dall'essere ultima - l'arte cinematografica può anch'essa avere - anzi detiene di sicuro - il potere fondamentale di "far durare" e "dare spazio" proprio a quell' inferno in terra corrispondente all'oblio della capacità umana di trascendere gli eccessi di materialismo nel tentativo (o speranza?) di riacquistare la dote principale di cui si è servito in linea imprescindibile, vale a dire la strada maestra della ragione spirituale e morale. Per fare ciò, l'arte cinematografica si serve di tutti quei mezzi che considerazioni linguistico-analitiche giunte in colpevole ritardo a valorizzare il mezzo come forma d'arte comunicativa - quindi dotata di un proprio linguaggio più che specifico - hanno sancito come fondamentali, sia a livello tecnico che teorico di riflesso, per l'espressione michelangiolesca di tormento, dolore e disperazione,

---

[5] Italo Calvino, *Le città invisibili* (pag. 160, edizione 2012, Mondadori).

paura e angoscia, nella ricerca di potenziali soluzioni o, comunque, di dati di fatto da esprimere attraverso la propria tavolozza metodologica.

Focalizzando, quindi, l'attenzione in maniera definitiva sulla materia che in questa sede più ci compete, vale a dire il cinema o, più precisamente, alcune tipologie espressive di cinema, possiamo notare, sempre nell'ambito intellettuale di inferni e apocalissi tremendamente umane, come molte delle sue componenti rispondano, in larga parte, a principi concettuali condivisi da derivazioni profetiche su carta storico-religiosa.

Nella rivelazione biblica dei misteri apocalittici, il disvelamento del nascosto o di ciò che compie il suo viaggio spirituale ben oltre la normale portata di conoscenza umana, non avviene attraverso l'azione diretta della divinità ma è affidata in delega (non solo *nell'Apocalisse di Giovanni* ma anche nei profetismi di *Aggeo* o *Zaccaria*, se non anche nei *Salmi*) a santi e profeti ben identificati, selezionati e forniti di precise istruzioni al riguardo. Quante volte abbiamo sentito parlare della figura del regista come una sorta di Dio onnisciente in paragone metaforico, ovviamente, alla totale libertà insita nella sua stessa facoltà di decidere cosa far fare a quale personaggio o cosa far accadere in un determinato momento o in una determinata circostanza prima sulla carta (nei casi, purtroppo sempre meno frequenti, di regista sceneggiatore) e poi sullo schermo secondo un preciso quanto personale linguaggio visivo? Non potrebbe, costui, essere una sorta di divinità concettuale e ideologica [6] - in quei particolari settori di

---

[6] Talvolta anche fatta uomo nei casi in cui la figura registica si intromette anche nell'ambito del profilmico, ovvero di tutto ciò che sta davanti l'obiettivo della macchina da presa e si appresta a costruire la narrazione per

stile cinematografico che abbiamo scelto e di cui parleremo - che delega ai suoi personaggi e alle sue ambientazioni, più o meno realistiche, il compito di rendersi profeti divulgatori del messaggio celato sotto il velo del mezzo cinematografico ottico-meccanico? E non potrebbe giocare un ruolo di fondamentale importanza anche lo spettatore cinematografico in qualità di ricettore primario del messaggio *filmofanico*[7] trasportato dal mezzo di riproduzione cinematografica sullo schermo della sala?

1.3. Il cinesentire come recupero umano

La caratura divina attribuibile alla figura del regista cinematografico non ha ragion d'essere, naturalmente, laddove alla

---

immagini in movimento. Sono i casi delle incursioni attoriali di registi come M.Night Shyamalan o comunque di autori che finiscono per ritagliarsi non più una minuscola parte valida solo come cameo, ma un ruolo ben definito, piccolo o ampio che sia, di funzionalità se non proprio di caratteristica motoria per lo sviluppo e per la produzione di senso della storia (*Signs, Lady in the water*).

[7] Roberto Nepoti, in *L'illusione filmica - Manuale di Filmologia* (Utet 2005, pag. 9), distingue le definizioni di *filmografico* e *filmofanico*: mentre il primo termine si riferisce quasi esclusivamente alla definizione del dato tecnico materiale di pre e post produzione (riprese sul set, sviluppo della pellicola, visione dei giornalieri, montaggio, cura del suono, effetti speciali, ecc), il secondo stabilisce l'esistenza e l'importanza fondamentale di ciò che, invece, riguarda l'essenza della proiezione vera e propria, vale a dire ciò che lo spettatore può recepire nella sala cinematografica e che, quindi, esiste solo in funzione della sua presenza partecipativa a livello concettuale. Si capirà come questa distinzione risulta fondamentale a stabilire, di fatto, l'entrata in gioco dello spettatore come elemento portante dell'intera macchina cinematografica se utilizzata, naturalmente, a scopo di veicolazione messaggistica anche sottile e poco percepibile ma comunque artefice di una comprensione tutta sensoriale, primo gradino di enorme importanza per l'attribuzione di senso alla produzione di film aderenti ad un certo tipo di cinema.

professionalità tecnica dell'interessato non corrisponda anche e soprattutto una sostanza autoriale del medesimo. Sul versante appartenente a figure registiche definibili quasi esclusivamente come artigianali, vale a dire abili nella costruzione filmica in senso conseguentemente industriale, da prodotto di catena produttiva, il più delle volte non si pone, in effetti, la serie di discorsi riguardanti lo stile di un determinato artefice cinematografico. È sulla categoria degli autori[8], allora, che il nostro sguardo analitico deve lasciar soffermare la sua attenzione, perché è su di essa che grava il peso - talvolta enorme - della costruzione di un intero ordine di senso implicito, pregnante cioè di concetti e visioni esistenziali globali celate sotto l'enormità significante della metafora visiva in movimento.

Flavio De Bernardinis riporta l'attenzione dello studioso, o anche solo del più sincero cinefilo, sul rapporto imprescindibile tra cinema e teoria, tra linguaggio e significato generato dal suo stesso

---

[8] Vedremo in seguito come anche alcuni registi inseriti in un sistema produttivo cinematografico definibile come "mainstream" (M.Night Shyamalan, Alfonso Cuaròn, in parte Lars Von Trier) siano assolutamente capaci di far valere una precisa e personalissima linea di pensiero confluente in ritorni di stile registico, metodi di messa in scena, particolarità reiterate nella costruzione dell'inquadratura, andirivieni di tematiche ben precise di pellicola in pellicola; tutti elementi che, in definitiva, finiscono per associare, all'occhio analitico più attento e filmologicamente preparato, un nome ad un determinato tipo - non per forza genere - di produzione filmica perfettamente identificabile attraverso analisi stilistiche e concettuali nella loro opera omnia. Fanno eccezione, a tratti, alcuni casi artigianali tardivi come quello riguardante Clint Eastwood, capace - seppur su espresso diniego della caratteristica di autore detentore di una precisa poetica - di mantenere comunque una sorta di filo conduttore tematico in diverse sue opere (ad esempio, la solitudine umana e il senso di abbandono nelle sue varie sfaccettature storico-sociali di *Million dollar baby*, *Gli spietati*, *Hereafter*, *Flags of our fathers*, *Mystic river*).

campo semantico visivo[9]. A tale scopo, l'argomentazione apocalittica va a nozze con la necessità insopprimibile di espressione di senso che il cosiddetto concetto di *cinesentire* [10]può lasciar sfogare nel tentativo continuo di mettere in tavola le carte della concettualità più profonda, al fine di estrapolare dallo schermo quell'ordine di senso compiuto che soltanto la necessità di condivisione delle proprie idee e, soprattutto, delle sensazioni umane ad esse strettamente legate, può trasformare in una narrazione - sia lineare che sperimentalmente intrisa di metodiche e finalità cinematografiche differenti - capace di fornire allo spettatore (reale e fondamentale destinatario delle opere di questa fattura e, soprattutto, dei concetti umani da esse espressi) tutti i mezzi etici possibili affinché possa aver luogo la rivelazione del vero concetto trasmesso e affinché possa avvenire quella sorta di risveglio individuale posto al centro dell'attenzione ideologica.

È chiaro, però, che il cinema, per rendere possibile tutto questo, si avvale di una serie di suggestioni trasferibili all'occhio e all'animo dello spettatore attraverso la sua caratura principalmente estetica, a cavallo cioè di tutta un'evoluzione di modalità linguistiche che ne hanno fatto - dagli albori fino ai giorni nostri - un mezzo di espressione artistica assolutamente autonomo. Oggetto della nostra discussione, allora, sarà in larga parte anche l'elemento tecnico capace di sostituire l'obiettivo della macchina da presa all'occhio umano in situazioni in cui la radicalità delle intenzioni espressive del rispettivo autore raggiunge apici concettuali altrimenti difficilmente esplicabili attraverso altri supporti, in

---

[9] F. De Bernardinis, *Ossessioni terminali - Apocalissi e riciclaggi alla fine del cinesecolo*, Costa & Nolan, 1999 (pag. 6)
[10] *Ibidem.*

primis quelli verbali. Linguaggio in tutto e per tutto, insomma. Continua generazione di campi semantici di varia caratura ma rivolti verso la comune necessità di esprimere concetti, idee e opinioni «attraverso la macchina»[11].

Il mezzo cinematografico, allora, ha il compito fondamentale di disporre la realtà circostante secondo le modalità che le competono in sede di interpretazione sia estetica che, di conseguenza, etica dell'esistenza umana. Se l'uomo-regista-artista resta «indifferente nei riguardi dell'oggetto, egli sarà destinato quindi a interessarsi soltanto dell'esteriorità o della soggettività casuali»[12]. Occorre, dunque, potenziare l'assimilazione visiva su pellicola attraverso uno sprofondare nell'animo dell'oggetto, nel suo intimo più profondo fin dove possibile. In che modo, allora, compiere questa esplorazione interiore dell'oggetto preso in considerazione dal mezzo cinematografico? Senza dubbio sfruttando a proprio tornaconto l'estraneità obiettiva della macchina da presa - intesa come mezzo puramente meccanico - al fine di fare di essa solo l'elemento iniziale di un intensissimo processo di vivisezione e setacciamento concettuale dell'oggetto ripreso, un processo di interiorizzazione e interpretazione del tutto umano (il "sentire") di ciò che il dato visivo assimilato dal reale propone alla possibilità dell'autore di trasformarlo in significato profondo, capace di generare ulteriori significanti per indagini e riflessioni sopravviventi nell'animo dello spettatore all'uscita dalla sala[13]. Questo processo di interiorizzazione e interpretazione,

---

[11] *Ivi*, pag. 11.
[12] *Ivi*, pag. 13.
[13] «I codici che agiscono nel film sono dunque raggruppabili in due categorie: da una parte i codici semantici e culturali che producono i

questo sentire cinematografico, è ciò che sta alla base dell'essenza autoriale di una divinità registica: stili, forme e tecniche, allora, generano un contenuto compatto e preciso, decodificabile solo a patto che il ricettore (lo spettatore) accetti il compromesso di una produzione audiovisiva posta in un gioco ben più grande del semplice svago serale perché intrisa di senso generato dall'organizzazione complessiva del materiale visivo[14].

1.4. Trascendenza come visione interiore

Collocando quanto espresso nel paragrafo precedente in una condizione di visione metaforicamente apocalittica della realtà circostante, molti degli approcci all'utilizzo della macchina

significati del film stesso; dall'altra i codici tecnici (assai più che negli altri campi espressivi, nel cinema i codici linguistici sono condizionati dagli apparati tecnici), linguistici e formali attraverso cui vengono prodotti i _significanti_. Dal punto di vista linguistico, il film è il risultato di tutti (e soli) i codici tecnico-linguistici utilizzati nella fase delle riprese e in quella del montaggio: codice tecnologico della macchina da presa, illuminazione, tagli e raccordi di montaggio, dialoghi, musica e rumori d'ambiente, trucchi ed effetti speciali in postproduzione» (R. Nepoti, _L'illusione filmica - Manuale di Filmologia_, pp. 244-245).

[14] Soprattutto il montaggio cinematografico ha un ruolo di fondamentale importanza laddove, ovviamente, è l'artefice principale del campo semantico generato dal film nel suo complesso finale. Selezionando inquadrature e giustapponendole più o meno in linea con la consuetudine di un linguaggio classico (campo e controcampo, regola dei 180 gradi, sintagmi, ecc), il montaggio genera la materia principale dalla quale l'occhio più analiticamente attento o appassionato di forme e contenuti deve necessariamente estrapolare metodi e costruzioni visive capaci di esprimere ciò che, spesso, il film stesso non conferisce in maniera diretta (nel caso delle opere di autori come Stanley Kubrick, ad esempio, anche solo il titolo di un brano musicale utilizzato in un determinato segmento filmico si rende fondamentale alla spiegazione di un determinato concetto - talvolta del significato dell'intero film - nascosto alla visione immediata sullo schermo).

cinematografica potrebbero corrispondere, in parte, ad alcuni fraseggi di ciò che Paul Schrader definisce *stile trascendentale*[15]. Si tratta di un paragone da effettuare tanto sul livello prettamente stilistico di alcune opere che andremo ad analizzare, quanto su basi unicamente concettuali per altre dotate di strutture e metodi divergenti dalla classificazione operata da Schrader.

Naturalmente il concetto di stile trascendentale non è da valorizzare come base portante della nostra analisi in maniera univoca, ma si possono estrapolare da esso alcune congetture allo scopo di decontestualizzare e rivalutare alcune riflessioni critiche condivisibili nel complesso tecnico e teorico di valutazione del mezzo cinematografico come veicolo di espressione umana per immagini. Laddove Schrader parla, ad esempio, di "Completamente Altro" o "Divino" per intendere ciò che sullo schermo riesce ad esulare dalla mera spettacolarità[16] per avanzare a passi umili ma coscienziosi nell'antro della rappresentazione metaforica se non a tratti metafisica, ecco emergere l'importanza della raffigurazione cinematografica di una realtà talvolta anche astratta ma incarnata nella sostanza di quanto viene descritto o

---

[15] Paul Schrader, *Il trascendente nel cinema*, Donzelli 2010.
[16] Analizzando anche una parte dell'operato cinematografico del danese Carl Theodor Dreyer, Schrader dimostra come lo stile trascendentale sia soprattutto un mezzo concettuale - e tecnico di riflesso – capace di rendere visibile ciò che visibile non è, per porre in essere, cioè, situazioni visivo-narrative che non mostrano direttamente - nel caso dell'autore preso in considerazione - il dato spirituale come proveniente da una conformazione divina raffigurabile. Quasi nessuna icona religiosa è immediatamente riconoscibile, ma vi è tanto riferimento implicito ai concetti che questa o quella icona filmica può detenere laddove i riferimenti al soprannaturale, al divino e allo spirituale vengono distribuiti nella costruzione significante dei personaggi e di alcune soluzioni visivo-narrative (*La passione di Giovanna D'Arco*, *Ordet*, *Gertrud*, in parte anche *Vampyr*).

22

narrato per metafore, allegorie o rimandi più o meno continui. L'intento di Schrader - come anche il nostro in ambito meno teosofico - è quindi quello di dimostrare come il mezzo cinematografico non sia soltanto sinonimo di intrattenimento materialista fine a se stesso, ma un veicolo importante nel suo saper costantemente direzionare, in metodi e stili anche molto diversi tra loro, lo sguardo interiore dello spettatore sensibile, attento e riflessivamente volenteroso verso il recupero di una sacralità ideologica e morale perduta tra interminabili scaffalature di titoli da blockbuster.

Recuperare una certa esperienza umana del dato spirituale è allora l'obiettivo primario che diversi stili cinematografici, più di ogni altro mezzo a disposizione nell'ambito comunicativo mediatico odierno, si impongono al fine di rendere tangibile l'invisibile anche al più scettico e asettico degli astanti. Per fare ciò, ovviamente, il linguaggio cinematografico svolge un ruolo imprescindibile laddove utilizza il referente reale in maniera più o meno marcata per fare della propria estetica, fin dove e fin quando possibile, anche una notevole morale. Più che rappresentazione - anzi proprio per tramite della sua capacità di rappresentazione - il cinema offre all'essere umano il fondamentale potere di vivere ciò che viene messo in scena, fare di esso un ulteriore materiale per ulteriori riflessioni che, in sostanza, fanno dello spettatore stesso una sorta di divinità capace, giocoforza, di aggiungere sempre più materiale al montaggio del suo personalissimo film esistenziale. La rivelazione, il miracolo, l'essenza divina della situazione deve necessariamente passare per il mezzo cinematografico per poi, però, innestare solidissime radici non solo in eventuali capacità di rinnovamento della modalità espressiva spettacolare ma, soprattutto, nello spettatore, nella sua coscienza individuale più che sullo schermo.

Emerge, dunque, una certa importanza riscontrabile in una *mise en abyme* in termini, se vogliamo, di "verticalità" narrativa, laddove a contare più della linea evolutiva di storie e personaggi è un certo tipo di approfondimento concettuale e psicologico riscontrabile anche nelle produzioni a più alto potenziale affabulatorio. Ma è chiaro che, in questo o quel metodo di costruzione del prodotto cinematografico, reso con imponente o meno consistente abilità realizzativa, ciò che più conta è il potere che l'immagine cinematografica e la giustapposizione delle sequenze detengono a priori nel loro rivelare più che mostrare o aggiungere alla visione che esse stesse propongono. Il referente fisicamente reale dell'immagine cinematografica, allora, deve necessariamente disvelare la sua essenza concettualmente e linguisticamente divina per spingere oltre ogni ostacolo pratico la sua capacità di comunicazione superiore.

Se ne deduce, dunque, la fondamentale importanza che il ruolo del fotogramma gioca in una sua essenza tridimensionale tutt'altro che riferibile al mero dato spettacolare da stereoscopia. La vera ed effettiva profondità dell'immagine è da ricercare nelle possibilità di questo o quell'autore di armarsi della facoltà di parola visiva, di una profondità di campo non solo figurativa e di una capacità di costruzione scenografica che facciano da consistente supporto aggiuntivo alla previa potenza espressiva di determinate sceneggiature più o meno narrative. Se parliamo di Apocalisse in senso cinematograficamente metaforico, allora, parliamo di rivelazione e svelamento riferibile a una rimozione dal nascondimento inflitto a determinati concetti e, di conseguenza, possibile grazie ad una «negoziazione del sensibile» capace di operare una «distruzione e rigenerazione della realtà» attraverso le immagini[17]. Rigenerare una vita sensibile attraverso il fotogramma risulta essere, così, una possibilità aggiuntiva per epifanie sensoriali e percettive, quindi anche ideologiche e morali, attribuita al linguaggio cinematografico - immagini, dunque, ma anche suoni - in quanto possibilità di un recupero di interiorità e di sacralità sensibile.

1.5. Lo spettatore complice e colpevole

Nella sua riflessione, Schrader puntualizza anche un dato di fatto imprescindibile: lo spettatore cinematografico, per sua stessa natura umana, è portato a fare continuamente uso delle sue capacità di razionalizzazione rassicurante per costruire una sorta di paravento da opporre alla condizione spiazzante, talvolta ambigua ma di certo inattesa e disagevole, divulgata dallo schermo della sala. Dinanzi all'inspiegabilità di certi eventi narrati, lo spettatore innalza facilmente una barriera protettiva tra sé e ciò che rischia continuamente di destabilizzare la sua condizione di ricettore passivo del messaggio inerente al prodotto cinematografico. Occorre, dunque, che lo spettatore sia protagonista della propria personale apertura mentale e spirituale accettando una sospensione della realtà tangibile per lasciare spazio alla realtà ricreata dalle condizioni dettate dall'autore della pellicola, pena la sua

---

[17] R. Eugeni, *Le apocalissi del sensibile. Appunti su immagine, disvelamento, rigenerazione*, Manthicora n.2, dicembre 2012, pag. 54.

colpevolezza insita nella complicità per il mancato recapito del messaggio filmico.

Fondamentale è, dunque, anche il rapporto tra film e spettatore affinché la fruizione filmica possa togliere sigilli all'insieme dei processi psicologici a confronto con i quali proprio lo spettatore non può esigere immunità definitiva. Tutto ciò che è *afilmico*, ovvero tutto ciò che esiste nel mondo reale indipendentemente da qualsiasi rapporto con l'arte cinematografica, fornisce continuamente materiale che la macchina cinematografica provvede a selezionare e riorganizzare nel *profilmico*, vale a dire in tutto ciò che esiste nel mondo reale ma, per contro, viene espressamente destinato all'uso filmico[18].

In più, in quanto referente del reale riorganizzato sullo schermo, il cinema fa del film qualcosa di estremamente utile a posizionare lo spettatore-individuo dinanzi ad una condizione percettiva di rielaborazione mentale di ciò che recepisce dal fascio luminoso culminante sulla tela dello schermo. Tale processo equivale ad una stimolazione emotiva continua, portata avanti dai concetti e dalle visioni che il prodotto filmico propone in maniera più o meno intensa. Si instaura, allora, una vera e propria dialettica tra spettatore e film «in cui giocano fattori come il tipo d'informazione fornita dai diversi canali, l'organizzazione lineare dei messaggi destinati allo spettatore, le competenze di questi»[19], laddove per competenze si intende la capacità del ricettore di comprendere la situazione filmica data - nel nostro caso l'ambientazione apocalittica - attraverso conoscenze sia tecnico-

---

[18] R. Nepoti, *L'illusione filmica - Manuale di Filmologia* (pp. 8 - 9).
[19] *Ivi*, pag. 12.

linguistiche che spirituali, riuscendo così a sentirsi parte del tutto filmico e, soprattutto, sensibilmente incline a recepire il messaggio nella sua potenziale totalità.

I film che passeremo in rassegna in questa sede, allora, oltre a porre in essere metodi e riflessioni tecnico-linguistiche rivolte al mezzo, guardano anche allo spettatore in quanto individuo inserito in un contesto sociale, culturale e morale contemporaneo perfettamente attinente, in linea potentemente metaforica, con quanto espresso dalla loro costruzione. Essi parlano dell'individuo e all'individuo, attraverso linguaggi anche molto differenti, ma mettono in tavola le carte adatte ad una riflessione molto profonda che non riguarda solo il dato visivo, anzi ne fa uso per strutturare pretesti significanti.

Lo spettatore, in tutto questo, ricopre un ruolo di colpevolezza personale anche laddove è proprio a partire dal suo essere al mondo in una realtà eticamente corrotta che si scatena l'impulso dell'autore ad affrontare la tematica apocalittica. Quasi come una sorta di condannato costretto a difendersi, dinanzi a questi film, l'individuo non può esimersi dal riflettere sulla propria condizione. Per evitare questo processo, lo spettatore può solo uscire dalla sala, fuggire da una presa di coscienza sulle responsabilità a cui la tematica apocalittica affrontata dal film lo richiama. «Lo spettatore è colui per il quale il film esiste e colui che lo fa esistere, attualizzandolo e dandogli vita nella propria mente. Tale processo ha luogo, soggettivamente, secondo modalità assai differenti»[20]. In questo modo, la sala cinematografica può essere anche un luogo in cui tentare di affrontare, e possibilmente

---

[20] *Ivi*, pag. 21.

risolvere, problemi esistenziali che nella modernità globalizzata si è solo riusciti a mettere da parte in un cassetto ormai troppo pieno. È proprio la sala cinematografica ad avere il potere di stimolare a dismisura il dato percettivo spettatoriale che, di fatto, «riceve un numero variabile di informazioni frammentarie e le collega in un insieme dotato di coerenza, ricostruisce mentalmente il racconto del film, lo memorizza, comprende (sia pure a vari livelli) il discorso, [...] risponde con emozioni, gesti, comportamenti, valutazioni ideologiche».[21]

Tutto questo, però, avviene solo se si è in grado di intavolare quella necessaria *croyance* nei confronti dello schermo. In che misura siamo veramente disposti a credere a ciò che vediamo pur sapendo che si tratta di finzione bidimensionale?[22] Un dato è certo: «la magia del cinema sarebbe inutile qualora si esercitasse su cervelli inerti e addormentati».[23]

---

[21] *Ivi*, pag. 27.

[22] Proprio il concetto di *croyance* dovrebbe dimostrare che, tutto sommato, malgrado il film rappresenti un prodotto di inequivocabile finzione, lo spettatore più attento e volenteroso instaura con esso un rapporto percettivo consapevole dei limiti della finzione, eppure capace di addentrarvisi per assorbire il senso della comunicazione linguistica complessiva. La condizione di *croyance*, dunque, crea un'adesione al film tale da permettere allo spettatore di integrare ciò che vede sullo schermo al suo universo noto, assimilando il tutto, cioè, alla sua realtà vissuta. Proprio da questo elemento fondamentale parte la possibilità cinematografica di stimolare la riflessione individuale.

[23] R. Nepoti, *L'illusione filmica - Manuale di Filmologia* (pag. 93, citando H. Agel, *Activité ou passivité du spectateur* in *L'univers filmique*, pag. 47).

2

Uomo, natura e paralisi interiore

Se di trascendenza compositiva e adeguata predisposizione spettatoriale possiamo o vogliamo parlare, è d'obbligo saldare l'attenzione sul dato imprescindibile che identifica il dato visivo trascendentale come qualcosa che ovviamente fa affidamento al razionalismo di ciò che compone la visione sullo schermo, ma che utilizza quest'ultimo come trampolino di lancio per un irrazionalismo tutto da decifrare a partire dal film inteso non come un prodotto chiuso nella sua più o meno rigida costruzione strutturale, bensì come l'insieme, appunto, di elementi filmofanici capaci di offrire allo spettatore-individuo tutte le tessere necessarie a costruire il mosaico di un realismo intellettuale più che visivo.

Ciò che deve coinvolgere l'essere umano nel vortice della riflessione individuale legata al concetto di fine del mondo come rivelazione di uno stato di cose al fine di un cambiamento o, quantomeno, di una presa di coscienza sostanziale, è quel sentimento di Apocalisse in grado di trasformare il dato visivo e (più o meno) narrativo in profonda riflessione sulla propria personale condizione terrena. Pier Paolo Pasolini, a suo tempo, innalzava in qualche modo proprio questo elemento apocalittico sentimentale e percettivo in paragone con un dato di fatto ad egli strettamente contemporaneo (l'Italia della Ricostruzione, del miracolo economico, degli anni '70, quasi profetizzando una globalizzazione mercificante attualmente sotto gli occhi di tutti) teorizzando il concetto di "fine della storia"[24] con riferimento

---

[24] «Ma io, con il cuore cosciente / di chi soltanto nella storia ha vita, / potrò

29

all'estinzione nazionale di una cultura umanistica soppiantata da uno "sviluppo" che non guarda al "progresso" in senso umanamente generale, quindi sia tecnologico che di spirito e di coscienza quasi di pari passo[25].

Nell'ambito, dunque, di una Apocalisse culturale sottolineata da Pasolini in riferimento agli scritti di Ernesto De Martino racchiusi nel postumo *La fine del mondo - Contributo all'analisi delle apocalissi culturali* (Einaudi, 1977), emergono - soprattutto in De Martino - concetti fondamentali in riferimento alla perdita di significato globale riguardo una realtà circostante fatta di beni superflui diffusi in sempre maggiore quantità, di un conseguente crollo della fazione etica individuale sotto la scure di un capitalismo che, nella fattispecie, rivela una consistenza materialistica legata ad una esistenza terrena non più sensata perché priva di senso morale e spiritualmente autocritico. Ne consegue una drammatica e quasi irreversibile perdita della capacità di valorizzazione della vita nel suo senso più assoluto in termini di importanza umanistica, al di là della quale, in definitiva, non appare più fattibile una rifondazione tanto cosmica quanto oggettiva di ciò che può corrispondere ad un nuovo inizio su basi differenti o rinnovate (una "nuova Gerusalemme" metaforica fatta di nuove proposte sociali, politiche, etiche e morali tangibili).

---

mai più con pura passione operare, / se so che la nostra storia è finita?» (P.P.Pasolini, *Le ceneri di Gramsci*, pag. 78 edizione Garzanti 1976).

[25] «Almeno qui in Italia, questo sviluppo vuole la creazione, la produzione intensa, disperata, ansiosa, smaniosa di beni superflui, mentre in realtà, coloro che vogliono il progresso, vorrebbero invece la creazione, la produzione di beni necessari» (P.P.Pasolini, dalla trasmissione televisiva Rai *Controcampo*, registrata il 19 ottobre 1974 e mandata in onda solo l'8 novembre 1975, sei giorni dopo la morte di Pasolini).

Scaturisce, da tutto questo, un profondo e tragico contrasto tra una cultura imperante e una cultura desiderata, tra la necessità di evoluzione intellettuale e l'incontrastabile alienazione di una presenza umana sempre meno considerata come fulcro del divenire collettivo, sempre più calata in un'inerzia che le impedisce di contrapporre l'Io al mondo esterno. Se tale rapporto avviene, è solo in maniera obliqua, conforme cioè alle dinamiche globalizzanti che di ogni forma di spirito, individualità, ragione personale e umanesimo non sanno più che farsene.

Questa sorta di abdicazione del soggetto, nei confronti del tessuto culturale generale, si esprime sullo schermo attraverso codici che rimandano ad una fine del mondo che fa del disastro cosmico una grande allegoria che ha come perno il disfacimento dell'essere al mondo di una presenza umana che non è più nemmeno presenza poiché incapace di riemergere dallo stato di cose e tornare ad essere una pur minima simbiosi con un ambiente esterno ormai definitivamente ostile.

2.1 L'umano svuotato. Béla Tarr e "Il cavallo di Torino"

Béla Tarr, ungherese originario di Pécs, è riuscito a fare «quello che ormai riesce a pochissimi: rompere il muro dell'indifferenza che circonda l'arte cinematografica - senza tenere nel minimo conto la moda e le tendenze attuali»[26]. Entrato di diritto a far parte delle figure di culto del cinema europeo, Tarr ha sempre scelto di rimanerne comunque ai margini per poter raccontare

---

[26] Gàbor Gelencsér in *Béla Tarr*, a cura di Angelo Signorelli e Paolo Vecchi, Bergamo Film Meeting 2002, pag. 7.

meglio, con la forza delle sue spossanti immagini, ciò che concerne la miseria umana e il nichilismo di cui essa si nutre dinanzi ad una realtà dei fatti terribilmente inerte e immutabile. Senza alcuna arroganza né atteggiamento saccente, Tarr è sempre riuscito, nell'arco di più di trent'anni di carriera, a portare sullo schermo vere e proprie suggestioni tramutate in visioni tutt'altro che catartiche, talvolta, anzi, estremamente provanti e difficili da sostenere non tanto come costruzione sullo schermo quanto come impatto emotivo generato da una perenne ambivalenza di pieni e vuoti spaziotemporali. Oltre alla potentissima predilezione per la profondità di campo e la cura maniacale, ai limiti della perfezione pura, delle pur scarne ma estremamente funzionali architetture scenografiche, è proprio il tempo ad essere un ulteriore oggetto di analisi filmica in esperienze passate alla storia come quelle legate alle sette ore e dieci di *Sátántangó* (1994), vera e propria sublimazione sensoriale del concetto di catastrofe attraverso una cifra stilistica consolidata come marchio di fabbrica personale quale il costante uso di interminabili piani sequenza, associati a un utilizzo perenne - salvo alcune eccezioni - del bianco e nero. Il tutto, naturalmente, votato quasi esclusivamente a formulare una cristallizzazione stilistica che punta a rappresentare sia il volto che l'essenza specifica di una civiltà all'ultimo stadio della sua esistenza, ovvero quello corrispondente all'inevitabile declino interiore.

In tutto il cinema di Béla Tarr, l'umanità non è altro che un insieme di soggetti deambulanti abbandonati alla loro stessa inadeguatezza sulla superficie terrestre, il cui unico scopo esistenziale oscilla tra il continuo sopraffarsi dell'uno sull'altro e la rinuncia totale ad ogni azione e reazione. A partire da considerazioni in ambito domestico (*Nido familiare*, 1977; *Rapporti prefabbricati*, 1982), passando per riflessioni riguardanti usi e soprusi sociali (*Sátántangó*, 1994; *Le armonie di Werkmeister*, 2000), Tarr arriva a rappresentare la più totale disumanizzazione, tragica e silenziosa, in quello che dichiaratamente è il suo ultimissimo film, ovvero *Il cavallo di Torino* (*A Torinòi lò*, 2011, B/N 149'), Orso d'Argento e Gran Premio della Giuria al Festival di Berlino nel 2011.

Una voice over su schermo nero ci narra un evento accaduto al filosofo tedesco Friedrich Nietzsche durante il suo soggiorno a Torino. Uscito dalla sua abitazione, egli vide un vetturino frustare brutalmente il cavallo che si rifiutava di muoversi. Impressionato da tanta violenza, Nietzsche si precipitò a fermare il vetturino abbracciando disperatamente il cavallo, prima di cadere preda della follia.

In un tempo non definito[27] e in una località ancor meno identificabile, un uomo anziano (Jànos Derzsi) e sua figlia (Erika Bòk) sopravvivono in condizioni di assoluta povertà. Acqua di pozzo e patate bollite sono il loro pranzo e la loro cena in giorni e notti sempre uguali. A cominciare dal rientro dell'uomo da non si sa quale altro luogo, percepiamo subito un senso di enorme spossamento: mentre il suo cavallo, stanco e malato, affronta evidenti difficoltà fisiche nel trainare il carretto nello straziante piano sequenza di apertura - reso ancora più d'impatto dalla

---

[27] Tuttavia, nel bel documentario di Jean-Marc Lamoure *Tarr Béla. I used to be a filmmaker*, realizzato durante le riprese di *Il cavallo di Torino*, un cartello ai confini della valle in cui è stato costruito il set segnala: «Proprietà privata. Sono in corso le riprese per un film ambientato nel 1890. Si prega di non attraversare la valle».

funerea colonna sonora del veterano collaboratore Mihály Víg - , un fortissimo e inarrestabile vento circostante scuote, dissesta, rompe, vanifica, polverizza tutto ciò che si trova intorno. Una volta rientrato alla sua abitazione, l'uomo viene aiutato dalla figlia a smontare il carretto e sistemare il cavallo nella stalla tra le devastanti intemperie atmosferiche. All'ingresso in casa, cominciamo ad osservare la (non) vita dei due protagonisti: non si parlano mai se non per dirsi che il pasto è pronto e nei loro volti si legge a chiare lettere un senso di dispersione e desolazione totale ma ben poco spiegabile con motivazioni limpide, una condizione che trova la sua ineluttabilità nell'eterna ripetitività dei gesti (alla quale fa da incremento mortifero la ridondanza sonora di Vig, unico fattore musicale extradiegetico presente all'infinito) e il suo unico svago nel sedersi su di uno sgabello per guardare lo spazio aperto e vuoto oltre il vetro della finestra (fig.1). Tutto scorre senza alcuna azione differente dall'altra o dialogo particolare. Tutto è rivolto ostinatamente verso il buio totale della definitiva inquadratura finale (fig. 2), quando il cavallo ha rinunciato al cibo e si è lasciato morire, il vento ha smesso di soffiare, il pozzo non ha più acqua da offrire, il fuoco e il sole hanno smesso di concedere luce e calore.

Solo due eventi arrivano a modificare il (non) corso delle cose: nel primo, un conoscente arriva a chiedere una bottiglia di palinka e, nell'attesa, intrattiene un dialogo (in verità un monologo) in cui elenca le cause e le motivazioni di quanto sta accadendo all'esterno (fig. 3); nel secondo, un gruppo di zingari si avvicina alla casa, ruba dell'acqua dal pozzo e tenta di portare via invano la ragazza (fig 4). Passiamo in rassegna proprio questi due elementi per stabilire le coordinate concettuali dell'opera terminale di Tarr.

34

Al minuto 59:37 qualcuno bussa alla porta mentre l'uomo è seduto davanti alla finestra con il capo chino. La macchina da presa avvia uno dei tantissimi piani sequenza che, partendo dalla sua nuca, allarga l'inquadratura verso destra lasciando entrare in casa e in campo un viandante (Mihály Kormos) che si rivela essere un conoscente. Costui effettua la sua richiesta alcolica porgendo una bottiglia all'uomo che, a sua volta, la cede alla figlia. La m.d.p. segue la ragazza nell'atto di andare a riempire la bottiglia mentre i due si siedono al tavolo e cominciano a parlare. Quindi, una carrellata in avanti prosegue il piano sequenza mantenendo al centro del quadro la bottiglia che la ragazza riporta sul tavolo. Di qui, il long take focalizza l'attenzione e si sofferma sull'ospite che, durante il dialogo con l'uomo riguardo ciò che sta accadendo all'esterno, in risposta alla domanda «Come sarebbe "in rovina"?», intraprende il suo discorso esplicativo.

«Perché tutto è in rovina, tutto è stato impoverito. Ma potrei dire che tutto è distruzione e rovina perché qui non si tratta di un qualche cataclisma generato da un'azione innocente degli uomini. Al contrario. Qui si tratta del giudizio umano. Del giudizio dell'uomo su se stesso, nel quale sicuramente anche Dio ha un ruolo. Direi quasi al quale Dio partecipa. E ogni creazione in cui Lui metta mano è la cosa più orribile che si possa immaginare. Perché, vedi, il mondo è corrotto. Quindi ha poca importanza quel che dico perché si è subito impoverito tutto ciò che loro hanno acquistato. Hanno comprato tutto e hanno ottenuto ogni cosa con una lotta subdola e meschina, di conseguenza hanno impoverito tutto. Perché tutto quel che toccano - e loro toccano tutto - viene avvelenato. Ed è sempre stato così, fino alla vittoria finale. Una fine trionfale. Prendere possesso e screditare. Svalutare e possedere. O, se preferisci, sondare, screditare per poi ottenere. O sondare, acquisire per poi screditare. Va avanti così da secoli. Sempre così. Sempre e solo questo. A volte in modo subdolo, altre con la violenza, a volte con la dolcezza, a volte con la forza bruta, ma è sempre andata così. Sempre nella stessa direzione, quella di un vile attacco alle spalle. Perché per trionfare è necessario che l'altra parte, quella alta, grande e nobile, non debba entrare in nessuna disputa. Non dovrebbe esserci lotta ma solo la scomparsa improvvisa di una delle due parti, ovvero quella grande, nobile ed eccezionale. Così oggi sono questi i predatori che avvelenano e governano la Terra. E non c'è rifugio per proteggere qualcosa dalla loro avidità, perché tutto ciò su cui mettono mano è loro. Persino cose in apparenza irraggiungibili, le raggiungono e diventano loro. Perché il cielo è già loro, e anche tutti i nostri sogni. Loro è il presente, la natura e il silenzio infinito. Anche l'immortalità è loro, capisci? Tutto è perduto per sempre! E questi uomini grandi, nobili ed eccellenti sono rimasti immobili, se posso dire così. Si sono fermati a questo punto, hanno dovuto capire e accettare che non esiste né Dio né altri déi. E il nobile, il grande, l'eccezionale hanno dovuto capire e accettare ciò fin dall'inizio. Ma naturalmente non sono stati capaci di capirlo a fondo. Ci hanno creduto, l'hanno accettato, ma non l'hanno compreso. Sono rimasti lì, storditi ma non rassegnati, finché una scintilla nella loro mente non li ha illuminati. E all'improvviso hanno compreso che non esiste né Dio né gli altri déi, non c'è né bene né male. Poi hanno compreso che se era davvero così allora nemmeno loro esistevano! Vedi, credo sia il momento in cui possiamo dire che si sono estinti, sono svaniti. Estinti e spenti come le braci arse in un campo. Uno è l'eterno sconfitto e l'altro l'eterno vincitore. Sconfitta e vittoria. Sconfitta e vittoria. E un giorno, qui nel vicinato, ho dovuto riconoscere e ho compreso a fondo che mi ero sbagliato. Mi ero sbagliato di grosso nel credere che non ci fosse mai stato e mai sarebbe potuto esserci un cambiamento sulla Terra. Perché, credimi, adesso so che questo cambiamento è veramente accaduto».

Attraverso un simile uso del linguaggio verbale, di pari passo con quello filmico utilizzato da Tarr nel corso del film così come nell'arco dell'intera sua filmografia, è immediata la deduzione di tematiche e punti di vista necessari a comprendere la visione che l'autore ha della realtà contemporanea, espressa visivamente attraverso una composizione scenografica apparentemente retrodatata proprio per conferirne il senso di arretratezza e povertà atemporale.

Ma perché Tarr ha una visione così pessimisticamente estrema dell'esistenza? Cosa lo spinge a perdere ogni spiraglio di speranza in qualcosa se non in qualcuno? Di certo non si può affermare che il regista ungherese non abbia mai avuto a che fare con almeno una parte di quello che il viandante racchiude nell'insieme dei "loro". Tarr avvia la sua produzione cinematografica in un'epoca storicamente non facile per la sua nazione così come per tutto il blocco sovietico. Le difficoltà produttive in ambito artistico rientrano tra le vittime di insindacabili imposizioni dall'alto e, di conseguenza, sommergono qualunque tentativo di porre in essere un tipo di cinema "diverso" che rispecchi un differente modo di stare al mondo. È lui stesso a confermarlo: «Pensavamo non di bussare alla porta, ma di sfondarla con una pedata. A quei tempi si pensava che, una volta affrontati e risolti i problemi sociali, tutto sarebbe stato migliore e più semplice. Per parte mia, pian piano mi sono reso conto che non si trattava affatto di semplici problemi sociali, ma di problemi ontologici, che in un secondo momento hanno assunto addirittura una dimensione cosmica»[28]. Se ne dedurrebbe, dunque, che il problema principale non è tanto, secondo la sua visione, la condizione generale in sé quanto lo stato di immobilità ideologica che genera l'assenza di una controparte culturale. Un'assenza di moto interiore - tutt'altro che joyciana[29] - che si trasforma, sullo schermo, anche in immobilità fisica e verbale in rappresentazione di quel «vissuto di fine del mondo come vissuto della perdita della intersoggettività dei valori che rendono un mondo possibile come mondo umano»[30].

È la perdita di ogni punto di riferimento metafisico sotto i colpi del materialismo dilagante (politico, sociale, culturale che sia) ad essere il principale colpevole della condizione che relega l'individuo non più ad agire ma all'essere agito da una forza esterna incontrollabile e indecifrabile se non come avversità insormontabile con la sola (non)forza del proprio credersi insufficienti a se stessi. Tale perdita è un dato di fatto di cui l'individuo, però, è cosciente, rendendosi ulteriormente colpevole nel non opporre un tentativo di contrasto, sia pure unicamente culturale, superando il giudizio su se stesso. La "vittoria finale" che svaluta e possiede, allora, è una partita con un solo giocatore, dove l'arrendevolezza avversaria è prematura e inconsistente anche se

---

[28] Intervista a cura di Judit Pinter in *Béla Tarr*, a cura di Angelo Signorelli e Paolo Vecchi, Bergamo Film Meeting 2002, pag. 65.
[29] I *dubliners* di James Joyce, infatti, tra fuga fallimentare e paralisi, espongono comunque tutto un vasto quadro riflessivo nei loro monologhi interiori.
[30] E. De Martino, *La fine del mondo - Contributo all'analisi delle apocalissi culturali*, Einaudi 1977, pag. 50.

nata, vissuta e conformata nei luoghi più "alti" e "nobili" di una coscienza umana che non ha compreso la portata dell'inaridimento globale. L'unico cambiamento veramente accaduto, allora, risiede proprio in quella Apocalisse culturale intesa come punto di non ritorno ideologico e capolinea per una autenticità psicologica.

Sono queste, dunque, le basi concettuali sulle quali Béla Tarr instaura il suo cinema e, in modo estremamente netto e tagliente, la sua opera terminale. Il suo *cinesentire* è quello di un uomo-artista che ha perso tracce divine fino al punto da equipararne la manifestazione terrena come complice della disfatta irrimediabile, tradito da una realtà storica che ha fatto dell'abbandono qualcosa di assimilabile anche senza limiti geografici. Non esiste trascendenza divina, dunque, se non camuffata da volti umani. Non esiste ipotesi di aldilà, non vi è alcun punto di riferimento filmico né concettuale al quale potersi attaccare per testimoniare l'esistenza di questa o quella resurrezione: esiste solo un *hic et nunc* che, tradotto in cifra stilistica cinematografica, conferisce un'esperienza fisica di rapporti umani che hanno rinunciato persino al *carnage* delle pellicole precedenti per rinchiudersi nell'accettazione noncurante di una normalità che neanche la particolarità apocalittica imponente riesce a scalfire se non in ultima incontrastabile istanza.

Attraverso una trama ridotta ai minimi termini, con un dilagare di tempi morti e senza più le soluzioni visive espressionistiche degli esordi, tramutate ora in spazi trasfigurati, scarnificati e privati di un'identità dalla macchina da presa attraverso una prevalenza di campi lunghi e interminabili piani sequenza, Tarr filma una realtà sospesa fatta di corpi più simili a nature morte che ad individui, immersi in luoghi aperti che, però, non concedono un respiro a pieni polmoni perché sono soltanto scenario per nebbie, piogge, fango, polvere e foglie secche, venti ed echi di chissà quali voci perdute (fig. 5): tutti elementi che contribuiscono ad un'apertura visiva solo apparente perché delimitata in un profilmico che comprime lo spazio e fa di ogni movimento un peso.

Quei corpi tentano invano di compiere un unico gesto di fuga impossibile nel tentativo di oltrepassare l'orizzonte della collina (fig. 6), in questo somiglianti alle critiche umane che il Luis Buñuel di *L'angelo sterminatore* (1962) scaglia contro i borghesi impossibilitati a superare una barriera metafisica invisibile che ostacola ogni tentativo di salvazione. Nel nostro caso, il concetto di barriera invisibile ha una valenza ancora più traumatica laddove rappresenta «qualcosa che nessuno ha in mente di superare, fermato prima ancora dalla propria viltà, dalla propria insufficienza umana, come se la libertà fosse un rischio troppo pericoloso, una voragine paralizzante»[31].

Il cavallo di Torino quasi libera lo spettatore dell'atto percettivo-interpretativo attraverso una giustapposizione di lunghissime inquadrature che rendono visibile il decorso del tempo e costruiscono immagini che procedono per sottrazione, svuotano tanto l'individuo rappresentato quanto lo spazio in cui continua a sopravvivere ma che non gli appartiene più. Talvolta fanno dello spettatore stesso una cavie dell'esperimento di sopportazione, come se l'assuefazione conferita dalla ridondanza musicale e dalla ripetitività delle (non)azioni puntasse a creare distacco dallo schermo, quindi distanza dall'umano rappresentato, non più degno

---

[31] Angelo Signorelli in *Béla Tarr*, a cura di Angelo Signorelli e Paolo Vecchi, Bergamo Film Meeting 2002, pag. 54.

di essere osservato, ascoltato, seguito. Non resta, allora, che attendere la fine, quel vuoto cosmico aderente ad un pensiero nichilista estremizzato fino a diventare cifra stilistica definitiva. Eppure, proprio quella sorta di impulso che padre e figlia hanno di (non)esistere fino all'ultimo potrebbe persino essere inteso come un gesto di speranza nella pur presente miseria universale.

Proprio l'atto del guardare fuori dalla finestra - altra costante stilistica del cinema di Tarr - può essere inteso come ambivalente. Esso può significare un barlume di consapevolezza della fine così come un desiderio di fuoriuscita dalla condizione di immobilità. La finestra oltre la quale guardano entrambi i protagonisti del film in profondità di campo, offre unicamente la visione di un punto di fuga dello sguardo che inevitabilmente sfocia in uno spazio vuoto e sempre più sterile. Durante l'osservazione al di là del vetro, a chinare la testa è quasi unicamente il padre, mentre la figlia mantiene il suo sguardo verso l'orizzonte. Entrambi fissano un vuoto (il padre quello interiore chinato in rassegnazione, la ragazza quello esterno) ma non è un caso se l'altro evento, la seconda delle due sequenze di rottura della ridondante insensatezza narrativa, ha proprio lei come perno portante.

Al minuto 1:24:42, un nuovo piano sequenza parte da una inquadratura in campo lungo rivolta verso l'esterno. Dalla collina scarna e desolata, la cui linea concava impedisce di guardare all'orizzonte, spunta un carro trainato velocemente da due cavalli bianchi. Mentre il carro tenta di raggiungere la casa dei due protagonisti tra le intemperie atmosferiche devastanti, la macchina da presa effettua una lentissima carrellata all'indietro che lascia entrare nel quadro la ragazza di spalle, svelando la provenienza interna della visione. La ripresa, si direbbe, non è né una soggettiva dell'uomo - che, poco prima, ha interrotto il suo pasto perché attirato da qualcosa all'esterno - né una soggettiva della ragazza perché l'angolazione di ripresa è estranea ad entrambe le loro posizioni. Mentre il padre è seduto al tavolo alle spalle e alla destra della ragazza che è seduta sullo sgabello davanti alla finestra, la m.d.p. è posizionata alla sinistra di lei quasi ad occupare una fetta di spazio destinata ad una terza presenza. La tetra ridondanza della musica extradiegetica di Vig accompagna la visione. La ragazza comprende che ad avanzare è un gruppo di zingari, alla cui notizia il padre appare molto infastidito, tanto da non capire perché la figlia stia ancora seduta lì ad aspettare chissà cosa. Si nota in lei un misto tra indecisione e fascinazione, titubanza e attrazione. Il padre le ordina di uscire per ostacolare l'avanzata degli zingari mentre questi prendono dell'acqua dal pozzo inquadrati dalla m.d.p. che, nel frattempo, è tornata ad approfondire la visione attraverso il vetro della finestra in campo lungo. Una volta avvicinato, però, l'esuberanza del gruppo non permette alla ragazza di parlare ai membri che cominciano a strattonarla nel tentativo di portarla via. Dal lato destro dell'inquadratura, quindi, entra il padre che minaccia gli zingari intimando loro di andare via a gran voce. Ma mentre tutti risalgono sul carro, il più anziano di loro porge alla ragazza un libro prima di andare via. La ragazza rientra in casa pensierosa. Un nuovo piano sequenza la segue nell'abitazione mentre sparecchia i residui del pasto ma stavolta, sul tavolo, è poggiato anche il libro che ha appena ricevuto (fig. 7). Tolti i residui, la ragazza lo prende, si siede sul letto, lo apre e comincia a leggere sillabando.

«Uno. Poiché i luoghi sacri consentono solo la pratica di ciò che serve all'adorazione del Signore ed è proibito tutto ciò che non rispetta la santità del luogo, e poiché i luoghi sacri sono violati dalla grande ingiustizia delle azioni che hanno avuto luogo al loro interno e che scandalizzano la congregazione, per questa ragione non vi si può tenere nessun servizio finché, con una cerimonia di penitenza, l'ingiustizia è stata rimediata. Il celebrante dice alla congregazione: "il Signore è con voi!". Il mattino diventerà notte. La notte finirà».

Subito dopo la conseguente dissolvenza in nero inizierà il declino definitivo, dalla volontaria morte del cavallo all'ultima tenebrosa inquadratura laterale con i due protagonisti seduti a capo chino nel tentativo del padre di mangiare una patata cruda in assenza di acqua e fuoco, mentre la ragazza ha il volto della rassegnazione fatta persona. Fuori e dentro impera il buio più profondo che inghiotte ogni presenza. Il vento ha smesso di soffiare.

L'incursione delle figure zingaresche è, in sostanza, l'unico elemento filmico che offre una possibilità di redenzione tanto ai personaggi quanto allo spettatore, se si considera l'incipit del primo dei due piani sequenza ora descritti come una sorta di soggettiva appartenente a nessuno se non a chi guarda la vicenda nel suo complesso. È l'istanza narrante a parlare, ma legata a all'osservatore dello schermo attraverso una sorta di sguardo ormai onnisciente, dunque, che ha compreso l'entità del peso esistenziale e cerca di porre rimedio appoggiando il concetto di fuga speranzosamente a buon fine. Il libro donato alla ragazza è ciò che Tarr identifica come "Anti-Bibbia"[32] il cui testo propone similitudini al pensiero di Nietzsche ma è scritto dallo sceneggiatore László Krasznahorkai, un altro veterano al fianco del regista ungherese. In esso vi è un esplicito preavviso di ciò che sta già accadendo, pertanto la sua valenza può soltanto equivalere ad un ultimo disperato tentativo di risvegliare l'individuo per metterlo dinanzi alla propria coscienza perduta nel tentativo estremo di redimerlo a suon di colpe ammesse. Malgrado il tutto si riveli inutile e la fine di tutte le cose sia inesorabilmente irreversibile, si tratta di un ultimo ed unico tentativo che Tarr - e lo spettatore per riflesso coscienzioso - opera nei confronti dei suoi referenti nel desiderio di salvare loro e l'umanità dal giudizio umano più negativo e annientante. I due protagonisti non sapranno né avranno la forza e, soprattutto, la volontà di stimolare una qualunque riflessione, ma allo spettatore - individuo incaricato di portare l'esperienza filmica al di fuori della sala, quindi in una realtà ancora in moto - Tarr delega una pur minima speranza di redenzione soggettiva e conseguentemente interpersonale. Tutto ciò, nonostante il contrasto insormontabile della situazione narrativa e metaforica inscenata, riesce a fare del film e dell'intera opera del suo autore, più che un testamento irreversibilmente nichilista, un atto di presumibile appiglio di riflessione: «Del resto, l'atto stesso della realizzazione di un film è un gesto di ottimismo. Ogni tipo di creazione presuppone il perdurare del mondo. Io lavoro proprio in funzione della sua persistenza, anche se la vita è

---

[32] «It's an anti-Bible. It's about how priests close churches because people are sinning. We have to close the churches. We have to tear them down. In the text the daughter reads there are some references to Nietzsche, but the text is original, by Krasznahorkai», intervista a Béla Tarr di Vladan Petkovic, 04/03/2011, www.cineuropa.org.

piena di umiliazioni, anche se le cose non rispondono sempre alle tue esigenze. Insomma, *fare* è in fondo un gesto positivo. Un vero pessimista deve impiccarsi, se vuole essere conseguente»[33].

2.2. Natura ribelle e paralisi umana."La quinta stagione" di Peter Brosens e Jessica Woodworth

Un uomo (Peter Van Den Begin) è seduto ad un tavolo in un'abitazione scarna e vuota. Davanti a lui ha un gallo e, mentre zucchera il caffè in una tazzina, imita il verso dell'animale nella speranza di riuscire a farlo cantare invano. La macchina da presa, nel frattempo, compie una lentissima carrellata verso destra che lascia entrare, dal lato sinistro dell'inquadratura, la statua di un cane posta alle spalle dell'uomo e rivolta con lo sguardo verso il fuori campo (fig. 8). Dopo vari tentativi, l'uomo appare rassegnato, ma proprio quando costui depone le proprie intenzioni, il gallo rompe il silenzio.

Si tratta del piano sequenza che apre *La quinta stagione* (*La cinquième saison*, 2012, col, 93') dei coniugi Peter Brosens e Jessica Woodworth, capitolo finale di una trilogia incentrata tematicamente sul rapporto conflittuale tra uomo e natura, avviata da *Khadak* (Leone del Futuro per la migliore opera prima al Festival di Venezia nel 2006) e proseguita sulla scia di *Altiplano* (2009). Nel primo, ambientato nelle glaciali steppe della Mongolia, al centro della questione vi erano inspiegabili avversità che colpivano gli animali della zona e mettevano in seria difficoltà la

---

[33] Intervista a cura di Judit Pinter in *Béla Tarr*, a cura di Angelo Signorelli e Paolo Vecchi, Bergamo Film Meeting 2002, pag. 79.

vita dei gruppi di nomadi, tra i quali quello di appartenenza della giovane protagonista. Nel secondo, allo stesso modo ma in altro luogo (le Ande peruviane), una comunità rurale viene sconvolta dagli avvelenamenti provenienti dall'invasione dell'industria meccanica. Civilizzazione contro essenza umana primordiale, dunque, ma anche uomo contro uomo nell'inevitabile scontro di credenze, culture e abitudini sovvertite da forze maggiori incontrollabili se non tramite il recupero di una predisposizione altruista o quantomeno speranzosamente solidale. Tutto questo confluisce e si nutre di concetti e simbologie ulteriori nel capitolo conclusivo de *La quinta stagione*.

Proprio il primissimo piano sequenza da noi descritto in precedenza racchiude sia la cifra stilistica che i concetti fondamentali espressi dal film in questione. In un piccolo villaggio delle Ardenne - introdotto figurativamente quasi a citare le aperture spaziali del Bruegel dei *Cacciatori nella neve* - , i pochi abitanti vivono in apparente serenità tra cicli naturali e consuetudini di comunità: coltivano i campi, allevano bestiame, organizzano festeggiamenti rituali tra cui il più importante è quello che mette in scena la chiusura del ciclo annuale con l'addio all'inverno attraverso un simbolico falò di paglie e fantocci di vimini. Persino gli amori adolescenziali sembrano avere quell'aura di spensieratezza e profonda passione così rara in contesti eccessivamente urbanizzati. Tutto è calmo e armonico, tutto segue il suo ciclo. Ma proprio durante il rituale di fine inverno, inspiegabilmente non ci sarà modo di accendere il fuoco. Dall'indomani, il terribile presagio diventa realtà: l'inverno non va più via e tutto, dalla natura agli individui, smette di dare frutti. La semina si rivela inconsistente, il terreno si trasforma in fanghiglia improduttiva, le mucche non producono più latte e gli individui cominciano a mostrare segni di crudele cedimento sia nei confronti di loro stessi che del prossimo. Tutto si orienterà verso un annichilimento totale di pensiero e azione, vuoto colmato in minima e sterile parte solo da tornaconti personali e sacrifici disumani.

Figura centrale della (non) azione è Pol (Sam Lowyck), apicoltore giramondo in roulotte con un figlio adolescente disabile a carico, Octave (Gil Vancompernolle). Al suo arrivo, poche ore prima del rituale di addio all'inverno, viene imputata la colpevolezza di quanto sta accadendo. Ad additare Pol - simbolo della libertà proprio di quel pensiero e di quell'azione contrastata dall'immobilità morale e fisica delle barriere umane[34] contro le quali finisce per scontrarsi inconsapevolmente - è Tierry (Pierre Nisse), giovane scontroso e intollerante che vede in lui il colpevole della carestia in quanto forestiero e portatore di sventura. La giovane Alice (Aurélia Poirier) sembra essere l'unica a maturare affetto per l'uomo e profondo amore per Thomas (Django Schrevens), con il quale intraprende dei veri e propri inseguimenti

---

[34] «La domesticità del mondo, la sua ovvietà, in cui si condensa l'eredità culturale di tutte le civiltà passate, costituisce lo sfondo dal quale decolla, qui e ora, l'*ethos* del trascendimento della vita nel valore; *ethos* dal quale procede la cultura nella totalità delle sue forme e che è "per eccellenza trascendentale, cioè condizione ultima e inderivabile della pensabilità e dell'operabilità dell'esistere". [...] La distruzione della domesticità, della patria culturale in quanto tale, priva tale *ethos* della base che lo sorregge, determinandone il crollo, che s'identifica con la fine di tutto: alla luce di questa considerazione, l'apocalittica odierna rivela un'allarmante contiguità con le apocalissi psicopatologiche, poiché in entrambi i casi manca la prospettiva della reintegrazione culturale» (Introduzione di Clara Gallini e Marcello Massenzio in E. De Martino, *La fine del mondo - Contributo all'analisi delle apocalissi culturali*, Einaudi 1977, pp. XII – XIII).

amorosi - anche qui intonando versi giocosamente animaleschi - tra gli alberi del bosco innevato.

Proprio queste sequenze, assieme al reiterarsi dell'incontro tra l'uomo e il gallo del primo piano sequenza, sono i principali punti simbolici esplicativi di quanto realmente sta accadendo. Il confronto tra l'uomo e il gallo avverrà altre volte tra cui due hanno una valenza significante fondamentale: nella prima (al minuto 45:06), in giardino, l'uomo è ormai seccato del comportamento dell'animale e, con rabbia, gli elenca tutte le possibili ricette che potrebbero integrarlo come ingrediente principale; nella seconda, di nuovo al tavolo della scarna abitazione, l'uomo ha ormai decapitato il gallo (al minuto 1:05:41) e lo fissa con rassegnazione prima di indossare una maschera (fig. 9) identica a quella che tutti gli abitanti del villaggio indosseranno nel momento in cui, di comune accordo, sacrificheranno Pol bruciandolo nella sua roulotte (perché il fuoco, senza benzina, continua a non volersi accendere).

Allo stesso modo, anche altre due sequenze di inseguimento tra Alice e Thomas sono un chiaro indice di ciò che sta avvenendo nell'animo degli individui: se, infatti, inizialmente i due si scambiano passioni sincere e profonde, dopo la consapevolezza della catastrofe naturale il loro nuovo incontro (minuto 42:26) si trasforma in una vera e propria caccia animalesca, mentre quello successivo (che non avviene, al minuto 1:04:04) avrà i tratti oscuri di una dispersione totale di sguardi e movimenti vuoti (fig. 10), una rinuncia al respiro della pur minima scaglia di moto interiore verso l'altro. Non è un caso, quindi, se proprio questi due gruppi di sequenze si susseguono immediatamente l'una dietro l'altra al loro apparire nel corso del film: l'una è esplicazione degli accadimenti, l'altra è espressione di moti interiori altrimenti difficilmente conferibili nella loro essenza reale.

Il rapporto tra l'essere umano e la natura è ben sottolineato proprio dall'ambivalente presenza del gallo e della statua a forma di cane rispettivamente di fronte e alle spalle dell'individuo nel primo piano sequenza (la statua è presente alle sue spalle anche nella seconda circostanza prima descritta; non più nella terza). La figura del cane è da intendere come simbologia di una natura "addomesticata" con forza dall'individuo alle sue volontà, una natura che, però, ha preso definitivamente vita autonoma (il gallo) e deciso di condurre l'essere umano a perdere ogni speranza di redenzione lasciandolo affondare in un materialismo sconcertante, in un inverno percettivo di quelli più glaciali e aridi.

Coadiuvato da un linguaggio visivo costruito quasi esclusivamente da una macchina fissa su campi lunghi, totali e - per netto contrasto significante - primissimi piani improvvisi e terribilmente stranianti (fig. 11) sui volti dei principali protagonisti - immagini che si servono anche di un considerevole *slow motion* capace di portare il tutto a livelli espressivi prossimi alla videoarte[35]

---

[35] Nella costruzione di questi primi e primissimi piani, riservati soprattutto ai personaggi di Alice, Thomas e Octave, non di minore importanza è il linguaggio ad essi interno che, talvolta, contribuisce ulteriormente a rendere il senso della narrazione tramite una trascendenza emotiva spossante ma sublime nel vero senso del termine, capace cioè di conferire all'occhio dell'osservatore sia il senso di bellezza figurativa insita nella costruzione del quadro che il disagio sprigionato dall'impatto visivo provocato dalla sua conformazione straniante. In uno di questi quadri in *slow motion* (minuto 37:21), Brosens e Woodworth lavorano sulla regola dei terzi decentrando Alice sul terzo di sinistra in basso (fig. 12), per poi lasciare spazio alla visione del muro di pietra alle sue spalle che lascia colare del liquido bianco a mo' di lacrime disperse.

- , il punto di vista narrativo affianca sostanzialmente il senso di spossatezza globale che attanaglia l'intera collettività, ma è attraverso gli occhi vitrei di Alice che, in un primo momento e nel complesso di una fotografia dai colori artici, sembra convogliare un complessivo racconto a *focalizzazione interna* pur con scarsissimo utilizzo di inquadrature soggettive, per poi abbandonare l'istanza narrante solo apparentemente assunta e confluire in una (non) narrazione da *focalizzazione esterna* se non proprio *zero*[36], dove ogni personaggio perde qualunque caratteristica di dialogo con l'informazione spettatoriale per lasciare all'osservatore il compito di costruire il puzzle visivo significante facendo leva, così, su una percezione di spiazzante astrazione totale. Di lì in poi, dunque, si moltiplicano anche le possibilità linguistiche con cui Brosens e Woodworth incrementano il bouquet espressivo. A inquadrature in campo lungo e totali, infatti, si aggiungono le improvvise incursioni dei ritratti in movimento precedentemente descritti, così come gli istantanei *plongé* irreali - contrapposti a più prolungate riprese dal basso rivolte verso la visione di un cielo inaccessibile perché impallato dai rami degli alberi - che schiacciano i personaggi a piombo dall'alto di un giudizio visivo completamente esterno a qualunque punto di vista diegetico, quasi a decifrare per immagini il progressivo smarrimento di capacità e predisposizioni umane dinanzi alla catastrofe silenziosa. Il tutto sia da un punto di vista morale (il graduale abbandonarsi di Alice) che fisico (la morte improvvisa di suo padre).

---

[36] R. Nepoti, *L'illusione filmica - Manuale di Filmologia*, Utet 2005, pag. 226.

Si parlava, in precedenza, di simbologie. Proprio la morte del genitore di Alice, colpito presumibilmente da infarto mentre si accinge nervosamente a lavorare nuovamente col trattore il suo terreno dopo la tragica scoperta, avviene in modo tale da far cadere il suo corpo su leve e congegni che provocano un moto perfettamente circolare della macchina, quasi ad indicare la chiusura di quel cerchio di cui solo la morte di tutte le cose può possedere la chiave per la rivelazione di un nuovo inizio al quale l'individuo non può più presenziare per demerito autolesionista. Un autolesionismo che trasforma, di fatto, la contrapposizione uomo-natura in aspra disputa di uomo contro uomo: nella sequenza in cui la famiglia di Thomas raccoglie qualunque specie di insetto o invertebrato per soli scopi di scambio o compravendita di merci proteiche utili alla sopravvivenza[37], Thomas chiede al padre di poter prendere un po' di merce senza specificare per quale scopo. Il pensiero di entrambi i genitori va immediatamente verso un rischio di sentimento caritatevole che attanaglia il figlio, a detta dei due nei confronti di Pol - e non in direzione di Alice perché l'amore è escluso da ogni potenziale soluzione. In risposta, il padre sosterrà che «la carità non serve a niente» e «la solidarietà è effimera», asserendo di vedere le cose «con lucidità». Non è difficile intravedere in questo passaggio una metafora della società contemporanea intesa proprio nelle sfumature di quell'Apocalisse culturale che, di conseguenza, ne ha sprigionata una sterilmente

---

[37] «Sono proteine, un giorno varranno chili di zucchero»: il pensiero non si rivolge nemmeno in minima parte al desiderio di una soluzione collettiva ma è orientato unicamente in direzione di un tornaconto personale. Non c'è alcuna predisposizione dell'individuo ad un miglioramento futuro, solo la certezza di un peggioramento a cui far fronte in solitaria.

faccendiera e accumulatrice indefessa di beni superflui che uccidono l'anima dei beni necessari, prima di tutto quelli interiori appartenenti allo spirito. Prende piede l'ossessione per il profitto e il baratto ad uso esclusivamente personale: Pol vorrebbe dividere tutte le scorte residue della comunità in maniera perfettamente equa ma resta inascoltato dal nichilismo disperato di chi non riesce nemmeno ad immaginare una sorta di beneficenza collettiva che non sia l'adempienza a rituali scaramantici tradizionali. Prima di essere eliminato, sarà proprio Pol l'unico ad operare un pur minimo tentativo di riunione sociale organizzando un inascoltato barbecue al quale arriverà a presenziare, dall'esterno, anche un venditore di fiori di plastica, efficace simbolo di gioie effimere con il compito di tenere a bada malesseri ben più imponenti (ulteriore riferimento sociale estremamente attuale).

Altri nuclei familiari si sfaldano senza riuscire a ideare un qualunque stratagemma di sopravvivenza. Prima su tutte, la famiglia di Alice, dopo la morte del padre, vede il dissolversi completo della figura materna (al pari di Alice stessa) in una incomunicabilità interpersonale raccapricciante («È come se avessi un muro davanti a me»). Alice finirà per crollare in un vortice di staticità assente che la porterà a martoriare il proprio corpo sotto i colpi di una prostituzione selvaggia in cambio di beni alimentari, mentre al di fuori del suo allevamento di vacche svuotato dall'esercito - viene detto a tutti che quanto accaduto si sta verificando anche altrove - , e trasformato in lugubre e fatiscente casa chiusa senza appuntamenti, altre metafore sociali evidenziano odio razziale e xenofobia sotto la pelle di Tierry, artefice della paralisi definitiva di Octave per provocata caduta dalle spalle del padre durante un rituale di benedizione degli alberi.

Proprio Octave, malgrado la malattia che lo costringe su una sedia a rotelle, è l'unico individuo detentore di una purezza assoluta, di un sorriso onnipresente e di una gioia di vivere semplice, spensierata, onesta ed estremamente caritatevole (non demoralizzato dalla scomparsa delle api del padre, vuole costruire intere piantagioni di fiori finti, trasformando allegoricamente le gioie effimere in idee, progetti e desideri di realizzazione). La sua paralisi conseguente ad altrui maleficio impedirà ogni suo movimento sia fisico che interiore, non paralizzando moralmente, però, Thomas il quale, malgrado abbia tentato anche lui di fare uso del corpo di Alice in perdizione, è l'unico individuo a raccogliere Octave (la forza delle idee) dal terreno fangoso (l'oscuramento di un qualunque divenire) per dirigersi verso l' "orizzonte" dell'unica inquadratura in campo lungo con sfondo disperatamente vuoto, oltre l'unico albero residuo quasi accasciato al suolo (fig. 13).

Il film si chiude con un'ultima emblematica inquadratura simbolica: un gruppo di struzzi entra in campo da sinistra per girovagare in una piccolissima porzione di villaggio - ormai disabitato - selezionata dalla macchina da presa e uno di questi, mentre gli altri escono dal lato opposto dell'inquadratura, si sofferma di fronte all'obiettivo guardando in macchina (fig. 14). La figura dello struzzo, in araldica, è simbolo di giustizia, resurrezione e possibilità di superare anche gli ostacoli più impensabili. Questo dato, assieme allo sguardo in macchina finale dell'animale - subito prima dello schermo nero e dei titoli di coda - che rompe il muro immaginario dello schermo per interpellare direttamente lo spettatore, è dunque da ipotizzare come un elemento di speranza che giustifica l'ipotesi di rinascita espressa dalla sequenza precedente con Thomas che si incammina all'orizzonte con in braccio Octave.

Infine, ma non ultimo, gioca un ruolo importante anche il commento musicale sia diegetico che extradiegetico. Poco dopo essersi presentati alla comunità e aver assistito al non accendersi del fuoco di addio all'inverno, Pol e Octave sono in macchina e ascoltano, cantandolo, un brano di musica classica. Si tratta del duetto di Papageno e Papagena tratto da *Il flauto magico (K620)* di Wolfgang Amadeus Mozart. In esso, il canto viene delegato a due uccellatori di cui lui, Papageno, appare agli altri personaggi inizialmente come un bugiardo malvisto per poi risultare di buon cuore e saggio - proprio come Pol e suo figlio Octave. La professione di uccellatore del protagonista del canto gioca anche un ruolo di capovolgimento sintattico nella narrazione filmica che lo utilizza, laddove esso appare come momento giocoso per poi contrapporre la storia dell'opera a mo' di incipit a ciò che accadrà agli abitanti del villaggio, anch'essi in parte allevatori di bestiame (con maggiore riferimento, naturalmente, al semi volatile che si rifiuta di cantare, quel gallo testimone sintattico di ogni sciagura a seguire).

Inoltre, nella sequenza del barbecue organizzato da Pol - inizialmente proveniente dalla radio della sua roulotte (diegetica), poi estesa a copertura sonora globale (extradiegetica) per lasciare spazio all'altoparlante del venditore ambulante di fiori finti (diegetico) - la celebre habanera *L'amour est un oiseau rebelle* dalla *Carmen* di Georges Bizet arriva a richiamare la condizione affettiva più elevata come ennesima sovversione di ciò che realmente prende spazio insostituibile negli animi sempre più aridi degli abitanti: «L'amore che credevi di sorprendere / sbatté le ali e prese il volo / L'amore è lontano, tu puoi attenderlo / tu non lo attendi più, lui c'è / Attorno a te, veloce, veloce / lui viene, se ne va, poi ritorna / Tu credi di tenerlo, lui ti evita / Tu credi di evitarlo, lui ti tiene»[38].

---

[38] *L'amour est un oiseau rebelle*, dalla *Carmen* di Georges Bizet, 1875, atto I.

3

Schermi di schizofrenia e depressione.
La fine giustifica il vissuto

«La *schizofrenia* è la più filosofica delle malattie psichiche non già, ovviamente, nel senso che lo schizofrenico sia un filosofo, [...] ma nel senso che l'uomo sano, cioè capace di risanare sempre di nuovo in sé e negli altri la ferita esistenziale, può attraverso l'analisi dei vissuti schizofrenici prender coscienza di quel rischio estremo cui è esposta l'esistenza umana, la caduta dell'ethos del trascendimento. [...] La schizofrenia ha un grande potere pedagogico per ogni uomo che avendo optato per la ragione combattente, intende misurare in tutta la sua ampiezza e profondità il fronte nemico»[39].

Così si esprimeva Ernesto De Martino intavolando il discorso riguardante il concetto socio-antropologico di *apocalissi psicopatologiche*, ovvero percezioni di fine del mondo intese come sentimento di isolamento morale o alienazione da una realtà che, gradualmente, si stenta a riconoscere o perde la sua valenza di punto di riferimento vitale. Ciò che più ci interessa di questo elemento, però, non è tanto il dato psico-antropologico quanto la derivante funzione propriamente pedagogica che il vissuto schizofrenico descritto può far valere sull'esperienza umana. Una sorta di pedagogia della schizofrenia, allora, potrebbe riferirsi a quell'accenno di lezione esistenziale che si apprende in maniera più o meno adeguata attraverso un vissuto reale di particolare entità

---

[39] E. De Martino, *La fine del mondo - Contributo all'analisi delle apocalissi culturali*, Einaudi 1977, pag. 75.

emotiva ma, proprio per questo, fondamentale per il superamento di ostacoli individuali apparentemente insormontabili. Tale superamento o, quantomeno, la necessità - più o meno ricercata - di arrivare a fronteggiare le proprie paure o il sentimento di inadeguatezza nei confronti di una realtà circostante che non si percepisce più come legata alle proprie individuali necessità, ha portato alla produzione di diverse pellicole dotate di quella capacità di impatto emotivo indispensabile a fare del film stesso un continuum di spunti umanamente critici e capaci di generare ulteriori spunti di riflessione interpersonale attraverso situazioni e personaggi emblematicamente riferiti a dati esistenzialisti che lo spettatore più volenteroso e predisposto può sottrarre alla visione, frammentare, selezionare, ricontestualizzare e far coincidere con il vissuto personale soprattutto dal punto di vista emotivo.

Naturalmente, qualunque azzardo di tipo psichiatrico con determinante impronta scientifica è da trattare con i guanti in un'analisi cinematograficamente tematica come la nostra, fosse anche soltanto per immancabile rispetto nei confronti di condizioni esistenziali e realtà interiori ben più difficili da domare con la sola forza di parole, immagini e suoni. Tradotto in termini cinematografici, dunque, quanto descritto fin qui ha a che fare sempre e comunque con la potenza che il cinema sprigiona inevitabilmente nella sua indiscutibile capacità di utilizzare il linguaggio visivo come campo semantico intriso di metafore e allegorie accessibili per tramite della sempre indispensabile predisposizione spettatoriale sensibile.

Alcuni autori - soprattutto contemporanei, talvolta spinti verso ulteriori riflessioni in seguito all'inevitabile riflessione ideologica post 11 settembre[40] - hanno dato vita - chi predisponendo le proprie carte in opere che ne hanno stabilito poetica, stile e identità, chi seguendo una già solida e più o meno coerente linea concettuale - a prodotti cinematografici importanti sia per impatto emotivo che, talvolta, per quanto concerne esponenziali riferimenti extradiegetici. Il tutto, ovviamente, trattando il tema apocalittico come sfondo o come fulcro esterno per la nascita e lo sviluppo di azioni, situazioni o anche solo stati d'animo - evidenti o sospesi che siano - che partono dal personaggio e dal suo vissuto diegetico per intaccare indispensabilmente la vita reale della persona-spettatore soprattutto dal lato emotivo e ideologico legato ad un vissuto personale riscontrabile in questo o quell'elemento inerente alla narrazione filmica. Ad emergere su tutti, con molta probabilità, è un certo sentimento di smarrimento che «segue al crollo subitaneo dei propri punti di riferimento concettuale. Il cinema si riempie improvvisamente di personaggi deragliati dai binari della propria esistenza: vite strappate alla consuetudine che devono fare i conti col vuoto»[41], o con la paura del vuoto, con il potenziale rischio di perdere ciò che di certo si aveva fino ad un momento prima nel

---

[40] Interessante in tal senso è una lettura offerta da un testo come *Ventuno per undici. Fare cinema dopo l'11 settembre* a cura di Leonardo Gandini e Andrea Bellavita, Le Mani 2008. Al centro della questione non è il dato storico o, ancor meno, politico, bensì l'importanza che l'impatto emotivo trasmesso dal tristemente noto evento ha avuto sugli individui (e quindi sugli autori cinematografici in quanto individui con particolari esigenze espressive) non soltanto statunitensi in termini di perdita di riferimenti sociologici e - di inevitabile riflesso - individuali legati a molteplici rivalutazioni esistenziali spesso pessimistiche, basate sempre meno su un coefficiente di fiducia nel diverso e incentrate su una frastornante e, spesso, ossessiva, rivalutazione del sé non sempre a buon fine.

[41] *Ventuno per undici. Fare cinema dopo l'11 settembre* a cura di Leonardi Gandini e Andrea Bellavita, Le Mani 2008, pag. 17.

continuo ed implicito confronto con una realtà circostante percepita come sempre più distante dalle proprie reali esigenze, persino laddove l'esterno appare disposto ad un confronto aperto. Ma cosa è bene e cosa appare indispensabile? Al di là di riferimenti storico-sociali ben precisi come il sopra citato evento dell'11 settembre 2001, la questione centrale - in quella o in altre situazioni similari in termini di contenuto emotivo, ideologico ed esistenziale - rimane quella legata alla «necessità, quasi mai soddisfatta ma perennemente e disperatamente ricercata, di rimettere in ordine la bussola della propria esistenza», in un modo o nell'altro. Per alcuni autori, affrontare e tentare di superare queste particolari barriere invisibili, invocate dalla costante minaccia visivo-narrativa di fine del mondo come possibilità ultima per porre rimedio al proprio personale presente, è una sorta di obbligo formativo - pedagogico, per l'appunto - indispensabile alla conformazione della persona. Per altri, il dissolversi irreversibile e inevitabile di tutte le cose equivale alla soluzione unica e finale con la quale disintegrare definitivamente un concetto di speranza fin troppo abusato in terminologie e intenzioni collettive, tanto da corrispondere, spesso, ad una forzatura ideologica imposta dall'esterno.

3.1 Schizofrenia e fine del mondo come metafora del bisogno affettivo. "Take shelter" di Jeff Nichols

Metafora, attribuzione di senso extradiegetico alla narrazione, caratterizzazione di personaggi dotati di sfumature conferenti ulteriori piani di lettura e sincera umiltà nella predisposizione umana del vissuto filmico: sono tutte caratteristiche che fanno anche del cinema di Jeff Nichols, giovane ma ormai affermato regista statunitense indipendente (di Little Rock, Arkansas, classe 1978), una sorta di opera omnia sui sentimenti umani, in primis gli affetti familiari e le dimostrazioni reciproche di fiducia e sostegno reciproco. Fino ad oggi in archivio con tre pellicole di notevole spessore quali *Shotgun stories* (2007), *Take shelter* (2011) e *Mud* (2012), Nichols è conosciuto anche in Italia per aver presieduto la giuria principale nell'edizione 2012 del Festival Internazionale del Film di Roma, mentre negli USA occupa fin dagli esordi un posto di rilievo in quanto astro cinematografico nascente eppure già ben maturo. Sulla scia di un cinema "folk" modernizzato in tempi e tematiche che, per certi versi, riconducono forse agli esempi del Terrence Malick di *La rabbia giovane* o alle aperture concettuali del John Ford della disillusione a stelle e strisce, Nichols ha il rispettabilissimo merito di aver portato sullo schermo una potenziale "trilogia della speranza" legata con nodo scorsoio a un invisibile ma ben percettibile senso di inadeguatezza dell'individuo nei confronti di una realtà contemporanea in cui alcuni umori e specifiche quanto uniche concezioni individuali sembrano non avere ragione di permanenza. Il tutto sullo sfondo delle aperture scenografiche naturali di un'America di provincia senza più frontiere né prospettive che non equivalgano ad un vivere collettivo statico, inespressivo e stancamente trascinato verso una situazione geo-esistenzialista scarna, snaturata e priva ormai di quasi qualunque forma di stupore, perfetta per le necessità di espressione e approfondimento soggettivo utili ad elevare i concetti espressi da ogni pellicola verso quella trascendenza implicita e rivolta, sempre e comunque, verso un attribuzione di senso altro, capace cioè di

60

andare ben oltre il solo dato narrativo per approdare su molteplici sponde argomentative.

Se negli esordi di *Shotgun stories* (trampolino di lancio in celluloide grazie alla vittoria dell'Indipendent Spirit Awards) Jeff Nichols - autore unico anche delle sceneggiature di ogni suo lavoro filmico - affrontava il duro ma delicatissimo tema dell'odio stanco e implicitamente forzato tra nuclei familiari con, in comune, un padre dalla doppia faccia, la sorprendente maturità nonché la grazia e la *pietas* con la quale il giovane autore statunitense tratta le singole vicende e i rispettivi personaggi in esse costretti a sopravvivere moralmente emerge drasticamente in *Mud*, dove la figura del fuorilegge, dell'*outlaw* selvaggio e vagabondo per eccellenza (Matthew McConaughey), diventa sinonimo perfetto di sincerità e amore puro nella costante ricerca della propria indispensabile metà in simbiosi con le epifanie affettive del giovane protagonista (Tye Sheridan). Ma l'apoteosi del conferimento di senso umano sulle basi, metaforicamente geo-esistenzialiste precedentemente descritte, trova affermazione e consistenza sostanziale nei deliri e nelle allucinazioni interiori che fanno da perno alle vicende legate alla vita del protagonista dell'importantissimo film precedente, vale a dire *Take shelter*.

Curtis LaForche (Michael Shannon) è un giovane e tranquillissimo padre di famiglia. Al suo fianco, in una piccola cittadina dell'Ohio, vivono una vita pacata e serena la moglie Samantha (Jessica Chastain) e la figlioletta sordomuta Hannah (Tova Stewart). Il loro vivere comune procede modesto anche se con qualche difficoltà economica da affrontare a causa delle spese per le cure mediche da dedicare alla bambina e alla madre di Curtis (Kathy Baker), ricoverata in un centro di igiene mentale. Ma il lavoro di Curtis come capocantiere di una ditta di perforazioni, accanto al buon amico Dewart (Shea Whigham) offre un'assicurazione cospicua, garanzia che la casalinga Samantha non esita comunque a sostenere e rafforzare con un ruolo complementare di sarta che sfocia nella rivendita di stoffe in un mercatino locale. Malgrado tutte le difficoltà sostenute, la loro è una vita felice, ma la situazione precipita quando Curtis comincia ad avere dei terribili incubi notturni. In ognuno di questi, l'uomo vive una sorta di terribile apocalisse provocata da una tempesta violentissima che sprigiona una strana e viscosa pioggia, simile ad olio di motore fresco, con il devastante potere di trasformare ogni individuo in irreversibile mostro assassino. Con l'aumentare di queste terrificanti visioni, delle quali non comunica niente a nessuno, Curtis comincia ad assumere una serie di comportamenti anomali che culminano nella decisione di ampliare la costruzione del rifugio antiuragano antistante l'abitazione. Rendendosi sempre più sottile la linea che divide l'incubo dalla percezione della realtà, Curtis interpreta i suoi sogni come una premonizione apocalittica reale, pertanto si adopera nell'intenzione fondamentale di proteggere la sua famiglia da ciò che percepisce come un'imminente catastrofe generale. La serie di azioni che ne consegue porta l'uomo a generare tensioni e volontari isolamenti tanto nel rapporto con amici e conoscenti quanto, soprattutto, nella sua vita matrimoniale, all'interno della quale sarà proprio l'esponenziale purezza e comprensiva forza d'animo di Samantha a riportare Curtis sulla strada di un'autocoscienza mai del tutto abbandonata e che culminerà nella decisione medica di fare uso anche lui di un centro di igiene mentale. Tutto ciò, però, non prima di aver trascorso un ultimo periodo di tranquillità in una casa in riva al mare. Ma ecco che proprio in questo frangente, mentre Curtis gioca in spiaggia con la figlioletta, Samantha scorge all'orizzonte - e accetta - la stessa e identica visione apocalittica degli incubi di Curtis che ne conferma l'identità.

Take shelter (2011, col, 121') balza agli occhi del'opinione critica internazionale dopo il Festival del film di Cannes del 2011, dove vince il Gran Premio della Settimana della Critica e il Premio Fipresci nella stessa edizione in cui ad aggiudicarsi la Palma d'Oro è proprio Terrence Malick con il sublime spiritualismo di *The tree of life* (dove recitano, tra l'altro, anche la stessa Jessica Chastain e il Tye Sheridan successivamente protagonista di *Mud*).

Il nucleo del discorso che Nichols affronta con estrema dedizione in *Take shelter* risiede proprio in quell'ultima emblematica e criptica sequenza come summa di quanto espresso dall'opera intera, complesso filmico che, in definitiva, si discosta dal semplice racconto di vicende e situazioni per entrare a far parte di quell'insieme di pellicole dotate della preziosa capacità di opporre all'evidenza dell'istanza narrante un riferimento o una serie di riferimenti altri.

Malgrado l'approccio, rispetto alle opere precedentemente passate in rassegna, sia esplicitamente più consono ad una forma di narrazione classica seppure intrisa di elementi onirici e approfondimenti psicologici non di poco conto - talvolta anche di apparenti tempi morti che, però, puntano a focalizzare la riflessione su verticalità fondamentali per la comprensione dei personaggi e del principale senso - più che ruolo - da loro incarnato in maniera sempre più ferrea nel corso della visione, quello di Nichols è un tentativo importante di estrapolare dalla creazione visivo-narrativa un insieme di concetti fondamentali. Si tratta di elementi che convergono in argomentazioni imperanti quali il concetto di paura inteso come paralisi eccessiva di fronte alle proprie inquietudini e indecisioni personali circa l'obbligo, nella vita di chiunque, di affrontare - superandoli o meno - inevitabili se non necessari ostacoli di percorso al fine di una comprensione della propria stessa personalità. Ci si ritrova, però, di fronte a tragitti esistenziali che presuppongono, secondo la visione di Nichols, una immancabile compresenza di una forza complementare capace di far luce nel mezzo delle tenebre che attanagliano la sopraggiunta condizione della propria metà affettiva, sprigionando in questo una incessante e naturale predisposizione alla comprensione e, di conseguenza, alla vicinanza e al sostegno nei confronti di ciò che dall'esterno arriva a contrastare anche percezioni e situazioni non proprie ma condivise per ovvie cause di convivenza.

Nonostante la narrazione proceda per *focalizzazione interna*, fornendo allo spettatore, cioè, la possibilità di assumere, assieme all'istanza narrante, il punto di vista e le informazioni che spettano al personaggio protagonista, non è affatto un caso se ad essere imprescindibile è proprio la figura femminile di Samantha, la cui capacità di visione compie un percorso inverso da esterna a interiorizzante nel progressivo comprendere e avvicinarsi alle stranezze di cui Curtis si circonda senza offrire spiegazione. Proprio la figura femminile è una costante importante del cinema di Nichols: mentre in *Shotgun stories* ha valenza di significazione relativa al senso di innocenza disperso in una realtà provinciale omertosa ma definitivamente stanca di dispute senza reale motivazione d'esistere, essa arriva a ricoprire, in *Mud*, il fulcro di ogni azione legata alle motivazioni di un fuorilegge più giusto, talvolta, della giustizia stessa perché mosso da assoluta purezza di

64

intenti. Ma è solo passando per le caratteristiche di fermezza, rigidità decisionale ed estrema capacità gestionale di ragioni e dinamiche affettive della Samantha di *Take shelter* che tutto il senso della questione passa soprattutto attraverso l'apporto della complementarietà offerta da quello che risulta essere il maggior tutore della comprensione esistenziale altrui.

Quella sorta di urlo silenzioso, nascosto, vivo in un corpo e in un volto apparentemente dormiente come quello di Curtis/Shannon (non a caso attore feticcio di Nichols), emerge a chiare lettere attraverso l'instabilità metaforica simboleggiata dall'apocalisse interiore sottoforma di tempesta devastante che fa della mente e dell'animo di Curtis il paradigma di una richiesta di aiuto ad un appiglio esterno ormai lugubre, tenebroso e mortifero se circoscritto alla realtà tangibile, salvifico e redentore se, invece, ancorato alla sicurezza affettiva della principale figura complementare.

L'immagine del rifugio come protezione dalla tempesta esterna/esteriore è una metafora evidente del senso di acuto timore - se non terrore - che attanaglia Curtis nel suo «vissuto della perdita dell'intersoggettività dei valori che rendono un mondo possibile come mondo umano»[42], condizione che lo conduce a sviluppare sempre di più un senso di incomunicabilità - simboleggiato non casualmente dalla malattia della bambina - , alienazione e distacco che si trasforma in delirio di fine del mondo come espressione ultima del personalissimo disagio nei confronti di una realtà accettata solo in parte e, quindi, difficilmente amica di un vivere

---

[42] E. De Martino, *La fine del mondo - Contributo all'analisi delle apocalissi culturali*, Einaudi 1977, pag. 50.

privo di paure e incomprensioni sia nei confronti di terzi che, soprattutto, in rapporto con la propria stessa personalità messa drasticamente in discussione dall'interno.

La struttura che il Nichols sceneggiatore e regista utilizza per portare sullo schermo la potente esteriorizzazione filmica di una condizione altrimenti difficilmente esplicabile in maniera sufficiente, si avvale di un susseguirsi linguisticamente indispensabile di sequenze reali e sequenze inquietantemente oniriche che pongono in essere un interessante concetto che potremmo definire di *consequenzialità improbabile*. Siamo pressappoco ai limiti del discorso riguardante la sostanza del cosiddetto "narratore inattendibile", concezione cinematograficamente linguistica in qualche modo riconsiderata in maniera del tutto personale laddove a mentire, nel corso del racconto filmico di Nichols, è una istanza narrante che introduce elementi assolutamente aderenti a particolari visivi, oggetti, affermazioni o semplicemente elementi narrativi o scenografici che, di fatto, fanno della sequenza entrante qualcosa di realisticamente credibile prima di rivelarsi sostanza onirica.

Ad essere messa in discussione, ai fini di un potente incremento di valore emotivo significante, è proprio la giustapposizione consequenziale di alcune sequenze che arrivano a scindere ma, al contempo, unire i piani paralleli di realtà e incubo come due facce della stessa medaglia esistenziale. Nella primissima sequenza, ad esempio, - sulle note della suggestiva colonna sonora di David Wingo - Curtis è in piedi all'esterno della sua abitazione, intento a fissare il cielo che, gradualmente, diventa sinistramente plumbeo per poi sprigionare una pioggia oleosa (fig. 15) che l'uomo osserva con curiosità preoccupata prima di lasciarsi bagnare ulteriormente ad occhi chiusi. A questo punto, un *overlapping* sonoro lega questa primissima sequenza a quella successiva (minuto 1:43) che avvia il film vero e proprio, posizionando sul medesimo livello lo scroscio della pioggia con quello dell'acqua della doccia sotto la quale si trova Curtis prima di fare colazione e recarsi al lavoro. Solo grazie alla visione delle successive sequenze oniriche capiremo che la pioggia oleosa funge da marchio di riconoscimento per le sequenze oniriche essendo il fulcro dell'azione visionaria generante terrore e spossamento in Curtis. Ma nella primissima sequenza del film, nella quale gli elementi onirici - ancora privi del fattore scatenante terrore, vale a dire la mostruosità umana indotta dalla pioggia oleosa - non sono stabiliti in maniera netta in favore della comprensione spettatoriale, non vi è possibilità di distinzione tra sogno e realtà. Il legame sonoro con la sequenza successiva appartenente alla realtà della narrazione, allora, sancisce di fatto una convivenza inscindibile tra reale e onirico generante una unicità di stati d'animo interiori assolutamente fondamentale per sottolineare l'importanza che la condizione individuale di Curtis ricoprirà nel corso della vicenda vissuta.

Al minuto 8:51, allora, dopo una adeguata presentazione dei personaggi e delle rispettive vite, Curtis rientra in casa dopo la consueta giornata di lavoro. Avvicinatosi all'uscio della cameretta della piccola Hannah, si sofferma ad osservarla amorevolmente mentre dorme sotto le coperte. Lo raggiunge Samantha che lo abbraccia e comincia a parlare con lui di come ha trascorso la giornata, mentre la macchina da presa li inquadra a mezzo busto dall'interno della cameretta della bambina. Durante il dialogo, Samantha suggerisce a Curtis di ripulire al più presto un mucchio di pezzi di legno chiodato con il quale, in mattinata, la bambina si è soffermata a giocare rischiando di farsi male (fig. 16). Curtis promette di liberare il giardino nel weekend e la sequenza termina con una ripresa dei due coniugi abbracciati ma, stavolta, ripresi in scavalcamento di campo e in piano americano dall'esterno della cameretta. La sequenza successiva, al minuto 10:20, ritrae Curtis nell'atto di liberare il giardino proprio dall'ammasso di pezzi di legno menzionato dalla moglie. Si direbbe una normale ellissi temporale verso il weekend in cui Curtis mette in atto la promessa di liberare il giardino dai residui di legno (fig. 17). Ma ecco che d'improvviso il cielo si fa oscuro e la pioggia oleosa della sequenza iniziale del film ritorna a scrosciare su di lui. Questa volta, però, accade qualcosa di più: tuoni e fulmini incrementano il loro potenziale, mentre il cane di Curtis viene colto da una rabbia improvvisa che gli dona la forza di spezzare la corda con la quale è legato al tronco di un albero e azzannare l'uomo. Subito dopo l'attacco del cane, scopriamo che si tratta di un potentissimo incubo vedendo Curtis svegliarsi di soprassalto e controllarsi il braccio azzannato dal cane in sogno. L'abilità quasi freudiana di Nichols sta, quindi, proprio nel disseminare uno o più indizi visivi o di sceneggiatura in una sorta di subconscio filmico creato ad hoc per rendere sempre più sottile la linea di demarcazione tra sogno e realtà. Subconscio visivo che coinvolge lo sguardo dello spettatore in maniera sempre più corposa - proprio come l'incubo apocalittico sopprime gradualmente la tranquillità di Curtis - di pari passo con l'avanzare del'entità emotiva della narrazione.

Al minuto 19:22, dopo una prima turbante visione hitchcockiana di stormi di uccelli in volo perfettamente geometrico allo sguardo apparentemente reale di Curtis - una visione che si rivelerà allucinazione capace di incrementare a dismisura la convinzione apocalittica dell'uomo - , un *montaggio alternato* comincia a predisporre su piani paralleli di simultaneità - in luoghi differenti - la normalità quasi rituale di Samantha che prepara il suo banchetto di stoffe al mercatino locale e la normalità intaccata dalla potenza onirica spossante di Curtis che sistema un recinto dentro al quale rinchiude il suo cane prima di prestare attenzione riflessiva al rifugio antiuragano poco distante.

La sostanza della consequenzialità improbabile a scopo significante incrementa di gran lunga la dose in momenti cruciali successivi a instabilità fisiche e psichiche sempre più evidenti nel loro pericoloso impatto esistenziale, disequilibri che portano Curtis a sovvertire regole comportamentali sul lavoro che provocheranno il suo licenziamento e l'iniziale avversione di Samantha, così come l'estromissione dell'individuo dalla vita sociale della comunità locale verso la quale si sfogherà apertamente nel corso di una cena collettiva (altro rituale ma di natura conforme ad uno stile di vita predeterminato del quale non ci si sente più parte). Al minuto 1:27:12, Samantha decide di riappacificarsi con Curtis, accettare il suo comportamento straniante e trovare soluzioni di comune accordo per sistemare gli errori commessi. La donna lo fa avvicinandosi a Curtis mentre questi è alle prese con la sistemazione dell'illuminazione nel container che ha sotterato e unito al rifugio antiuragano come consistente e fornitissimo ampliamento. Alla richiesta di spiegazioni su cosa stia facendo, Curtis afferma di aver estrapolato l'alternatore della sua seconda vettura, un camioncino, per tentare di trasferire elettricità nel rifugio. Al minuto 1:34:28, subito dopo lo sfogo in comunità, vediamo Curtis nell'atto di manomettere proprio l'alternatore del suo camioncino prima di vedere la figlioletta camminare in strada, correre a salvaguardarla e accorgersi della presenza della tempesta e dello stormo di uccelli neri visualizzato ad inizio film. Anche questa sequenza risulterà essere onirica da un nuovo *overlapping* tra il suono delle sirene di allarme reali che svegliano Curtis e Samantha e il medesimo audio che fa incursione nell'incubo di Curtis sul suo dissolversi. In questo ultimo frangente, d'un tratto i volatili cominciano a cadere come asfissiati da una nube tossica. Il fattore di consequenzialità improbabile, dunque, ritorna con la reiterazione simil-inconscia di un elemento tra i tanti appartenenti alla realtà che hanno sconvolto Curtis da sveglio. Il riferimento è alla sequenza che al minuto 24:04 vede i due coniugi seduti sul divano mentre un telegiornale parla della morte di una famiglia per asfissia causata da una nube di gas tossico sprigionata in maniera non precisata. Ma, in questa sequenza, la consequenzialità viene in un certo senso rovesciata dal particolare dell'alternatore che viene introdotto linearmente dopo la menzione di Curtis alla moglie come possibilità elettrogena nel rifugio. Pertanto, il dispositivo strutturale viene sottilmente svelato per lasciare tutto lo spazio restante alla scena chiave del film.

Samantha sveglia Curtis a notte fonda perché una violenta tempesta si sta abbattendo su di loro. Il terrore di Curtis sembra avverarsi. Entrambi corrono a prendere la piccola Hannah per fiondarsi nel rifugio antiuragano ampliato che Samantha, una volta dentro, guarda con un misto tra timore e stupore generato dalla presenza di numerosi oggetti indispensabili alla sopravvivenza, compresa - non a caso, date le paure di Curtis - due maschere antigas e una bombola d'ossigeno per la bambina. Siamo, infatti, nel luogo che simboleggia per eccellenza la personalità di Curtis, un uomo tanto chiuso in se stesso, timoroso e ossessionato dalla protezione dei suoi familiari da fare del suo stato d'animo finale un rifugio di salvaguardia più degli altri da se stesso che in favore di una salvezza offerta come uomo trasformato in braccio protettivo. Qui ha luogo l'espressione massima della consistenza traumatica dell'individuo, nonché la ferrea ma complementare contrapposizione della figura di Samantha che rappresenterà la riapertura del rifugio interiore rivolta all'autocoscienza sostenuta da una vicinanza affettiva indispensabile. Una dissolvenza in nero con riapertura trapassa ellitticamente il tempo notturno per poi inquadrare Samantha e la piccola Hannah nell'atto di svegliare Curtis e chiedergli di riaprire il rifugio essendo terminata la tempesta reale esterna. Ma l'uomo è afflitto da una immobilità che lo costringe a percepire ancora residui sonori della sua apocalisse interiore, percezione che non viene più assimilata allo spettatore per drastico ma necessario passaggio di focalizzazione da Curtis a Samantha. È lei, ora, la chiave di apertura del rifugio interiore che Curtis le implora di afferrare porgendole il pezzo di metallo legato al dito ma con una posizione della mano più simile ad una estrema richiesta di aiuto (con il palmo rivolto verso il basso) che ad un passaggio di consegna (fig. 18). La donna, però, spiega al marito di essere lui l'unica possibilità di uscita da qualcosa che solo lui, per forza di cose, deve fare («This is something *you* have to do») per uscire dalla terribile immobilità che lo stronca sul posto, affrontando di petto la condizione straniante che lo isola da un mondo che cessa di esistere ad uno sguardo ormai definitivamente legato alla sua realtà percettiva spossata. Curtis aprirà il rifugio opponendo una sontuosa forza d'animo alla paralisi schizofrenica. Il sole brillerà di nuovo ai suoi occhi in una splendida giornata di accompagnamento alla consapevolezza di dover curare una patologia non di poco conto.

Alla luce di quanto appreso fino ad ora, analizziamo la sequenza finale.

Al minuto 1:52:27, dopo aver consultato uno dei migliori specialisti per condurre Curtis in una casa di cura, con il benestare dello psichiatra la coppia decide di trascorrere un periodo in una casa al mare prima di affrontare e pianificare la separazione forzata. Curtis gioca con la bambina sulla spiaggia mentre Samantha, in casa, prepara il pranzo. D'improvviso, lo sguardo della piccola Hannah, in spiaggia, si stacca dalla sabbia per fissare l'orizzonte. Curtis si accorge dello sguardo della figlia e, voltandosi, scorge anche lui una visione all'orizzonte che lo schermo, però, ancora non mostra privando lo spettatore di un controcampo. Ciò che si apre all'orizzonte viene intravisto attraverso i riflessi dei vetri della veranda che Samantha apre uscendo all'esterno (fig. 19): si tratta di una tromba d'aria identica a quelle protagoniste degli incubi di Curtis. La donna guarda impietrita l'orizzonte che ancora lo spettatore non può vedere in modo netto, poi rivolge lo sguardo al marito che, con un cenno della testa, conferma che quella è l'entità degli incubi da lui vissuti in precedenza. Ed ecco che una goccia di quella pioggia oleosa sognata da Curtis cade sulla mano di Samantha. Poi un'altra, un'altra ancora e, infine, il controcampo desiderato dall'inconscio spettatoriale mostra l'acqua del mare in ritirata e pronta per la conseguente azione devastante (fig. 20). Curtis risale sulla veranda alle spalle di Samantha e il film si chiude con l'accettazione della situazione da parte della donna.

In molti hanno inteso questo finale come realizzazione di ciò che arriva a rendere considerazione e giustizia alle sofferenze di Curtis come emblema di una condizione psichica condivisibile in maniera più o meno corposa. Ma c'è un particolare fondamentale che, facendo riferimento proprio al nostro concetto di consequenzialità improbabile, spiega chiaramente l'identità della scena e il senso dell'intera opera.

Quando Curtis nota che la piccola Hannah sta fissando l'orizzonte, cerca di capire da lei cosa stia attirando la sua attenzione. Prima ancora di voltarsi, Curtis vede la figlia compiere, nella lingua dei segni statunitense, il gesto che compone la parola "tempesta" (fig. 21). L'insegnamento della comunicazione di questa parola proviene da Samantha (fig. 22) che, al minuto 6:02, raggiunge la piccola sul divano sopra il quale è posizionata mentre osserva la pioggia cadere oltre i vetri di una finestra. Sfruttando l'elemento di consequenzialità improbabile capace, in questo caso, di ricoprire l'intero arco del film - sequenze iniziali e frammento finale - deduciamo che la sequenza conclusiva consiste in un incubo identico a quelli che affliggevano Curtis ma, stavolta, attribuibile - in un nuovo e definitivo scambio di focalizzazione - a Samantha che visualizza Curtis al centro della sua fondamentale capacità di comprensione e supporto. In definitiva: genero il tuo stesso incubo, sono nel tuo incubo, quindi sono al tuo fianco.

Malgrado Nichols non abbia mai fornito chiavi di lettura soddisfacenti alla richiesta di comprensione del finale di *Take shelter*, una conferma arriva curiosando sulla pagina personale di Jessica Chastain da lei stessa gestita sul noto social network Facebook[43]. In risposta ad un ammiratore che le chiede conto del finale del film, la Chastain risponde così (traduzione dall'inglese): «La ragione per cui amo il finale di *Take shelter* consiste nel fatto che esso gode di così tante libere interpretazioni. Dipende da che persona sei. Io ci vedo una coppia che, in quel momento, vede la stessa cosa. Quei due, in quel momento, sono sulla stessa pagina. Questo la dice molto lunga quanto a fede e impegno reciproci».

3.2. Depressione e fine del mondo come sinonimo di autorevole visione altra. "Melancholia" di Lars von Trier

Nell'incipit di questo capitolo abbiamo accennato anche al desiderio o alla costrizione dell'individuo-personaggio-autore di fronteggiare le proprie paure, combattendo o, talvolta, proteggendosi dietro un sentimento di inadeguatezza che non per forza deve provenire dal proprio interno, ma può anche essere - lo è il più delle volte - indotto dal contesto circostante con maniere e mezzi giudicati quotidianamente normali e condivisibili. Alcuni autori hanno lavorato, dunque, su un fattore molto più prossimo - come accennavamo - ad una soluzione unica e finale capace di polverizzare ogni elemento di comprensione e speranza che non sia quello autoreferenziale, evocando una sorta di blasfemia nell'abuso troppo semplicistico e irrispettoso di tematiche e condizioni umane estremamente delicate e desiderose di maggior considerazione oggettiva.

Oltre alla schizofrenia, è l'ambito della *depressione* a poter essere preso in considerazione in quanto - tra le altre cose -

---

[43] https://www.facebook.com/pages/Jessica-Chastain/130560923681640?fref=nf

emblema di un'immobilità interiore in cui il vissuto di fine del mondo e «l'arresto del divenire si tramuta in esperienza dell'arresto del tempo, onde non c'è avvenire ma tutto è passato, tutto è definitivo, determinato»[44] e, di conseguenza, tutto viene considerato utile quasi esclusivamente allo scopo di rimescolare e riposizionare le carte sulla tavola di gerarchie interpersonali e scale di valori assolutamente illegittime se considerate fuori da un contesto che della sopraffazione reciproca fa il suo pane quotidiano.

Il danese Lars von Trier (anche lui, il più delle volte, autore unico delle sceneggiature dei suoi film) conosce molto bene - o comunque un po' più di altri - quegli ambiti psicologici e di vissuto personale legati al fattore depressivo come condizione altra rispetto a ciò che viene giudicato come normale presenza terrena. Von Trier, infatti, ha sperimentato sulla sua stessa pelle il fattore portante di un simile disagio, utilizzando molto spesso proprio il cinema come mezzo a sua immediata e più congeniale disposizione per esperimenti di autoanalisi o di *transfert* sui suoi personaggi - soprattutto femminili[45], scelta che lo ha reso, per alcuni, identificabile come misogino, viste alcune condizioni estreme che l'autore stesso ha creato come contorno alle proprie figure - di un difficile e probabilmente tormentato stato interiore.

Un po' per derivazione geneticamente intellettuale - essendo danese, uno dei suoi maestri visivo-narrativi non può che essere

---

[44] E. De Martino, *La fine del mondo - Contributo all'analisi delle apocalissi culturali*, Einaudi 1977, pag. 26.
[45] Personaggi femminili sono protagonisti e artefici di ogni situazione anche laddove l'ambito psicologico è legato molto di più a profonde e spietate critiche sociali di film come *Dogville* (2003) o *Manderlay* (2005).

stato anche Carl Theodor Dreyer, non a caso trattato da Schrader nel suo discorso sul trascendente - un po' di più per inclinazione personale, allora, von Trier ha trascorso quasi la sua intera carriera a discorrere in maniera molto spesso marcata, straniante e spossantemente autoreferenziale, per tramite di molti suoi film, di disagi interiori molto spesso esteriorizzati o trasformati in condizioni di vita che si scagliano senza pietà su personaggi a volte anche disposti a una determinata affermazione autodifensiva[46], giungendo al culmine di molte di queste considerazioni con una vera e propria trilogia psicanalitica che opera proprio quel transfert personale nei confronti di personaggi femminili identificati come origine del male terreno (*Antichrist*, 2009), paradigma di una mortifera e alienante insensibilità morale e spirituale che si trasforma in puro terrore del nulla cosmico (*Nymphomaniac*, 2013) ma, soprattutto, detentori di visioni esistenziali capaci di andare ben oltre il deprimente pilastro portante delle certezze e delle condizioni di vita imposte da un contesto esterno del quale non ci si sente più parte. In quest'ultima accezione, proprio *Melancholia* (2011, col, 130') attira la nostra attenzione perché il nucleo portante di tutta la complessa e profondissima vicenda ruota attorno all'emblema di fine del mondo come sfondo metaforico per il susseguirsi inevitabile di sensazioni, pensieri e tormenti espressi attraverso la messa in scena di situazioni o dinamiche da rapporti interpersonali.

---

[46] Molto forti, da questo punto di vista, sono le condizioni che opprimono e annientano personaggi, malgrado tutto, identificabili anche come positivi quali, ad esempio, la Bess McNeill (Emily Watson) di *Le onde del destino* (1996) o la Selma Jezkova (Bjork) di *Dancer in the dark* (2000).

Justine (Kirsten Dunst, miglior interprete femminile al Festival di Cannes 2011) e Michael (Alexander Skarsgård) si uniscono in matrimonio. Li vediamo al di fuori di qualunque evento di carattere religioso, a cominciare, cioè, dal loro arrivo difficoltoso (la Limousine su cui viaggiano non riesce a percorrere le strette curve montuose della strada su cui si trova) presso la lussuosa villa di proprietà della sorella Claire (Charlotte Gainsbourg), organizzatrice scrupolosa dell'evento, e di suo marito John (Kiefer Sutherland), dove tutti gli invitati aspettano gli sposi per dare avvio al ricevimento. Una volta arrivati, Justine e Michael salutano e abbracciano sorridenti tutti gli invitati e il banchetto ha inizio. Nel corso del ricevimento, però, cominciano a verificarsi situazioni poco confortanti: Justine comincia a manifestare la sua reale personalità, afflitta com'è da uno stato di depressione molto forte che la sorella Claire vuole a tutti i costi esorcizzare alle apparenze, mentre anche altre verità affiorano gradualmente come il cinismo spietato della insensibile madre di Claire e Justine (Charlotte Rampling) che non crede nel matrimonio e non esita a manifestarlo in pubblico, la noncuranza da latin lover del padre (John Hurt), l'insensibilità del datore di lavoro di Justine (Stellan Skarsgård), presente alla festa solo per estorcerle uno slogan pubblicitario consapevole della sua bravura professionale, o l'intolleranza di John verso i comportamenti della suocera. Durante il ricevimento, l'equilibro psichico di Justine si fa sempre più instabile, tanto da portarla a rinchiudersi più volte nelle stanze della villa, ad avere un rapporto sessuale con il nuovo collega di lavoro Tim (Brady Corbet) e, infine, a rifiutare il legame con il marito.

Tempo dopo, le condizioni di Justine sono talmente critiche da non consentirle di compiere nemmeno i movimenti più elementari. Claire, allora, decide di ospitarla in casa contrariamente al volere di John che, però, acconsente comunque nonostante si preoccupi di un'eventuale influenza negativa sul figlioletto Leo (Cameron Spurr). Nel frattempo, è emersa l'incredibile informazione che vuole il passaggio di un pianeta fino ad ora nascosto dietro il sole, Melancholia, a poca distanza dalla Terra. John, appassionato di astronomia, cerca continuamente di placare i forti timori di Claire rassicurandole l'innocuità dell'evento, anzi convincendola della bellezza unica insita in un accadimento di quella portata. Ma Claire alterna momenti di convinzione ad altri di più forte inquietudine spinti anche dal fatto che il marito, per il suo bene e per la sua stabilità emotiva, le ha proibito di cercare qualunque tipo di informazione su internet. Justine, invece, comincia a dare segni di sempre maggiore ripresa in maniera indirettamente proporzionale ai timori di Claire. Dopo inquietanti segnali deducibili dall'aria rarefatta, dall'inquietudine dei cavalli situati nella stalla accanto alla villa e dall'assenza di energia elettrica, Melancholia compie il suo passaggio accanto alla Terra per poi allontanarsi. Tutto sembra tornare ad una sorta di normalità e Claire appare molto più sollevata, ma quando proprio Claire comincia ad accorgersi di un nuovo avvicinamento del pianeta le cose cominciano a peggiorare in maniera irreversibile: John viene trovato sucida nella stalla, vittima di un mix letale di farmaci che proprio la moglie aveva comprato per la famiglia per far fronte, secondo lei, all'eventualità peggiore; Claire, di per sé, è ormai crollata nel panico più totale mentre Justine, assieme al piccolo Leo, è l'unica a mantenere una calma e rassegnazione serafica pur (anzi, soprattutto) essendo perfettamente consapevole, fin dall'inizio, di ciò che sta per accadere. Rimasti ormai in totale solitudine, Claire, Justine e Leo non possono fare altro che attendere l'esito irrimediabile: Melancholia si avvicina sempre di più alla Terra fino a distruggerla completamente.

Il film è diviso in tre parti ben precise: *Prologo*, *Justine* e *Claire*. Nel *Prologo* è possibile usufruire di una sorta di introduzione che funge, però, anche da perfetta summa sia narrativa che, soprattutto, simbolico-metaforica di ciò che accadrà nel corso dello sviluppo filmico e di quanto sarà possibile ricontestualizzare in riferimenti altri rispetto alla pellicola. Il capitolo che porta il nome della prima protagonista, *Justine*, equivale pressappoco all'intera lunga sequenza inerente all'ambito del ricevimento matrimoniale che consente, fin da subito, di evidenziare dettagli e spunti di riflessione necessari alla comprensione di quanto verrà esposto, poi, nell'ultimo capitolo, *Claire*, in cui la focalizzazione passa il testimone all'omonimo personaggio in funzione narrativa complementare e, in un certo senso, totalizzante.

Questa tripartizione racchiude nel suo complesso una importante capacità di esternazione visivo-narrativa di ciò che corrisponde, per l'appunto, ad una vera e propria opera d'arte totale wagneriana (*Gesamtkunstwerk*), poiché intrisa di molteplici rimandi esplicativi che fanno uso di fattori artistici eterogenei provenienti da ambiti sia pittorici che letterari o musicali.

A tale scopo, è imponente l'essenza artistica proprio del prologo, frazione filmica identificabile quasi come al limite tra cinema e videoarte. In esso, una serie di riprese frontali - nettamente differenti alla conformazione da macchina a mano di quelle che, invece, compongono tutto il disvelamento filmico successivo - e l'artificio temporale del *ralenti* contribuiscono alla conformazione di una vera e propria *ouverture* dedita alla predisposizione di visioni simboliche con il compito di conferire il senso generale del prodotto artistico che va avviandosi. Siamo di fronte, però, ad una ouverture che non è spiegazione delle azioni successive, bensì sintesi sia narrativa che allegoricamente criptica di ciò che il film contiene, il cui scopo è quello di informarci fin da subito di ciò che vedremo per meglio prestare attenzione alle dinamiche di interconnessione psicologica interpersonale su cui il film stesso regge le sue fondamenta. Ma ciò che il prologo anticipa non viene steso in ordine cronologico stando a quello che il film mostrerà: la successione di immagini che esso presenta, infatti, segue un ordine tematico, cioè steso in base all'importanza che le figure principali del racconto avranno nella definizione del senso. Ecco, allora, che il primo fotogramma è dedicato proprio al primissimo piano di una Justine dallo sguardo vuoto (fig. 23) ricollegabile alla malattia che la affligge ma che, allo stesso tempo, la redime dal contesto esterno. Seguono altre visioni simboliche tra le quali la prima visione del pianeta Melancholia (fig. 24) nel momento esatto in cui la musica wagneriana suggella il suo crescendo sensorialmente descrittivo nel "motivo dell'incantesimo d'amore" quasi a sentenziare il legame netto tra la consistenza della distruzione come sovversione di dinamiche percettive imposte dall'esterno; l'allegoria delle radici vegetali (fig. 25) che trattengono la sposa Justine mentre tenta di proseguire un cammino (evidente metafora della sua condizione psicofisica), mentre una tripartizione dell'immagine che vede Claire, Justine e Leo avanzare verso la macchina da presa (fig. 26) nel giardino esterno della villa di Claire, che ospiterà il ricevimento nuziale della sorella, è intrisa, sulla testa di ognuno di loro, di tre astri di cui due - quelli sulla testa di Justine e Leo - sono in fase crescente, mentre quello sul capo di Claire è in fase calante, in evidente metafora del mutamento di umore che capovolgerà il fronte emotivo dei soggetti successivamente alla scoperta della reale consistenza del pianeta Melancholia.

Sulla scia di simili scelte artistico-concettuali, Von Trier adotta un approccio critico molto preciso e dettagliato nel suo rendersi insieme di simboli capaci di rimandare continuamente a significati tanto evidenti quanto latenti. Il tema apocalittico, la fine del mondo rappresentata da un pianeta che non a caso porta il nome di Melancholia, contribuisce ad incentivare quasi all'estremo un profondo dinamismo tra fascinazione mortifera e riflessione lucida nella sua pur evidente ombra di follia ragionata. Così come nelle altre pellicole prese in considerazione, l'approfondimento analitico verte su differenti e, talvolta, trasversali angolazioni che però, tutte insieme, dimostrano come il profilmico possa essere a completa disposizione dell'autore per permettergli di estrapolare e conferire senso e significazione.

Nel caso di *Melancholia*, l'Apocalisse diventa luogo metaforico di disagio psichico e ambito critico relativo alle dinamiche familiari e, più genericamente, ai rapporti interpersonali tanto in nuclei ristretti quanto in contesti ben più ampi e controversi. Al centro della questione, ad unire cioè l'ambito psichico e quello tangibilmente socio-antropologico, è la profonda sofferenza psicologica di Justine, condizione che trova una catartica esteriorizzazione nella materializzazione del pianeta prima amico e poi distruttore - così come prima sorridente e poi realmente fragile e deragliante verso un'immobilità cadaverica è la personalità stessa di Justine che von Trier ci mostra in ordine di consistenza emotiva. Duplice è l'entità del leitmotiv del film: da una parte quello musicale, affidato tutt'altro che per caso al preludio del *Tristano e Isotta* di Richard Wagner[47], dall'altra quello narrativo legato alla fine del mondo solo come base portante per ulteriori sviluppi preponderanti.

Proprio il tema dell'Apocalisse, più che in altre pellicole da noi passate in rassegna, in *Melancholia* assume un carattere simbolico di più netto riferimento biblico, quindi estremamente dedito all'eterogenea interpretazione metaforica. La figura del cavallo, ad esempio, ricorre in vari punti della pellicola (tanto nel *prologo* ermeticamente esplicativo quanto nel film) in riferimento al cavallo nero (fig. 27) che è allegoria di giudizio e punizione definitiva[48], mentre la natura sotterranea (i vermi) che si manifesta in superficie all'avvicinarsi definitivo del pianeta distruttore è un richiamo diretto allo sprigionamento delle cavallette[49], così come

---

[47] Quello di Tristano e Isotta è uno dei miti medievali più struggenti in quanto rappresentazione narrativa sublime di amore clandestino ma immortale, di sensazioni e sentimenti puri e cristallini proprio come quelli che prova Justine pur nella sua vocazione negativista verso l'abbandono totale nei confonti della fine di tutte le cose vista come unica soluzione concessa a un'umanità non più giudicabile come meritevole di salvazione. Non è un caso, allora, nemmeno se proprio il ruolo di Justine viene affidato da von Trier ad un'interprete (Kirsten Dunst) dai tratti somatici non molto distanti da quelli immaginabili per la raffigurazione anche solo parziale della «Bionda che può guarire». Non va sottovalutato, però, anche un altro fattore non di poco conto: l'opera wagneriana basata su quella narrazione mitica fu giudicata come una sorta di anticipazione del futuro in termini tecnici estetico-musicali. Ecco, dunque, che von Trier ne utilizza l'incipit per la prima di diverse volte proprio nel *prologo* esplicativo di ciò che accadrà nel corso del film, quasi a stabilire fin da subito i nessi narrativi per lasciare spazio fondamentale all'approfondimento critico e psicologico riferibile alla vicenda.

[48] «Quando l'agnello aprì il terzo sigillo, udii la terza creatura vivente che diceva: "Vieni". Guardai e vidi un cavallo nero; e colui che lo cavalcava aveva una bilancia in mano» (*Apocalisse 6,5*).

allegoria di ciò che da morto torna in vita per partecipare al giudizio - in questo, forse, non è azzardato un collegamento con la rinascita interiore di Justine verso l'accettazione serena, più che rassegnata, della fine come soluzione unica nei confronti di un'umanità da lei giudicata come cattiva.

Narrativamente, von Trier sceglie di non spostare praticamente mai l'azione al di fuori dei nuclei familiari e interpersonali legati a scene corali che successivamente, nel capitolo *Claire*, stringono la morsa a soli quattro personaggi. Fuori da ogni considerazione, quindi, è l'umanità raffigurabile in modalità che non siano soggettivamente legate ad un ambito familiare che però, di quella umanità, racchiude molte delle caratteristiche negativamente principali. Tutto ciò naviga sulla cifra stilistica ed emotiva legata a sentimenti di angoscia e attesa insiti nei tentativi di interpretazione dei segnali tanto astronomici quanto psicologici. Il dubbio che attanaglia i personaggi principali, infatti, non è solo di natura scientifica ma soprattutto di entità interpersonale in quanto consapevolezza di fallimentare affidamento su altrui appoggi (la presenza del datore di lavoro di Justine al suo matrimonio si rivela solo un'ultima spiaggia per estorcerle uno slogan di impatto; John sarebbe contrario all'arrivo di Justine in casa mentre Claire gradirebbe da lui maggiore tolleranza; la stessa Claire non troverà mai conforto in Justine che tenta di richiamarla all'evidenza della situazione globale; la madre non ha mai rappresentato nemmeno l'ombra di un supporto per la

---

[49] «Dal fumo uscirono sulla terra delle cavallette a cui fu dato un potere simile a quello degli scorpioni della terra. E fu detto loro di non danneggiare l'erba della terra, né alcuna verdura, né alcun albero, ma solo gli uomini che non avessero il sigillo di Dio sulla fronte» (*Ap. 9, 3-4*).

debolezza di Justine, rifiutando un qualunque appoggio anche in un giorno di festa con la consueta freddezza e impassibilità). Regna, tutto intorno, una sterminata serie di paraocchi concettuali che comunque non riescono mai a nascondere fino in fondo la verità assoluta, una verità affidata alla scoperta del pianeta distruttore solo in riferimento ideologico ad una relazione tra Apocalisse e malattia mentale come binomio di significazione per il sentimento di fine del mondo legato ad una visione completamente nichilista - seppur non eccessivamente disperante - dell'umanità. Apocalisse e depressione godono di un legame di reciprocità che porta l'individuo a identificare la raffigurazione interiore di fine del mondo come percezione estrema di crisi di valori morali e culturali il cui unico sbocco è identificabile con la catastrofe punitrice e purificatrice, il crollo di un presente al fine di una "nuova Gerusalemme" di cui non si potrà mai far parte in quanto comunque esemplari di ciò che va spazzato via. Si tratta, insomma, di una oggettivizzazione fisica di un malessere individuale - talvolta collettivo - che von Trier, in questo caso, incarna sotto la cute di Justine.

Si parlava di opera d'arte totale wagneriana. Oltre alla musica del suddetto autore, è proprio la pittura un elemento fondamentale per approfondire il senso di quanto espresso nel corso della pellicola. Sono presenti, infatti, almeno due riferimenti artistico-figurativi di forte valenza esplicativa. Il primo riguarda l'Albrecht Dürer di *Melencolia I* (fig. 28), opera dai risvolti simbolici importanti per comprendere il senso di una narrazione che fa della depressione umana il punto cardine di un nuovo inizio concettuale legato ad una sorta di rivincita dello stato melanconico come differente armonia, diversa interpretazione di verità terrena che coincide con la catastrofe morale racchiusa in quella figurativamente materiale. Nell'incisione di Dürer è evidenziato un elemento di purificazione interiore attraverso il riferimento allegorico a un astro che illumina il cielo verso il quale è rivolto il malinconico sguardo (non a caso) femminile. Di nuovo, quindi, emerge l'elemento dell'attesa come condizione psicologica di immobilità rianimata solo dall'arrivo di un dato esterno che, però, è transfert materico del proprio stato interiore.

Il secondo riferimento figurativo, invece, consiste in una riproduzione fotografica quasi esatta - anche se da prospettiva differente - dell'*Ophelia* di John Everett Millais (fig. 29) nel momento in cui, durante il prologo esplicativo, Justine viene raffigurata in abito da sposa nella stessa condizione della protagonista del quadro preraffaellita (fig. 30): evidente, in questo caso, è il richiamo immediato e precursore alla condizione di purezza interiore del soggetto pur nelle sue estremità concettuali - la figura della sposa, nell'Apocalisse di Giovanni, identifica proprio il cristallino e sospirato principio vitale nella nuova Gerusalemme - ben legate a quelle riferibili all'ispirazione principale del quadro di Millais, vale a dire l'*Amleto* in cui Shakespeare delinea i tratti di Ofelia come asse portante del senso di abbandono inerme che la lega al personaggio di Justine per tramite proprio del fattore pazzia inteso, però, come catarsi di una condizione incompresa e, di conseguenza, non accettata.

Proprio l'elemento dell'incomprensione è un altro dato di fatto importante. Alla base del discorso filmico intavolato da von Trier regna, in sostanza, un forte riferimento ad una natura umana estranea a qualunque tipo di contaminazione culturale imposta dall'esterno (in questo, dunque, l'ambito di impostazione critico è abbastanza evidente). Considerando l'intero secondo capitolo, *Justine*, e le dinamiche interpersonali insite nel terzo, *Claire*, non è difficile notare come l'idea stessa di famiglia o il solo pensiero di costruirne una sia solo apparentemente un antidoto ad una malattia che, di fatto, rivela un'essenza più normale di ciò che socialmente è ascrivibile alla normalità proprio perché individuale, degna di un valore superiore rispetto a quello costituito e, proprio per questo, irraggiungibile dalla chiusura mentale di un conformismo cieco nei confronti di ciò che considera una stortura, un'anomalia nel sistema e nell'ordine di cose. Il fatto stesso che Claire abbia fortemente voluto le nozze della sorella, dedicando proprio a lei un banchetto che scrupolosamente cerca di mantenere in ordini di perfezione esecutiva, è l'apice del discorso che vuole il conformismo circostante come cura basilare dei disagi dell'individuo, essendone invece la causa inevitabile se non con la sovversione della fine in contrasto con buonismi e ipocrisie da finta serenità. Il desiderio di solidità familiare, dunque, rientra in una cerchia di certezze che si rivelano deboli e inconsistenti: Claire è convinta che la sorella guarirà avendo al fianco un marito amorevole e premuroso come Michael, così come John è certo dei calcoli scientifici che affermano la consistenza innocua di Melancholia. Ma Justine guarirà solo con la graduale certezza della fine e John perirà per sua stessa mano sotto la mannaia delle certezze infrante. Conformismo e ipocrisie di garanzia psico-sociale, dunque, non sono altro che esempi di una mancanza totale di sentimenti veri - mancanza incarnata dalla figura della madre di Justine e Claire, così come dalla noncuranza del padre - amplificata da una inattendibilità irreversibile delle dinamiche sociali imposte dall'ordine precostituito di cui l'ambito familiare è metafora per eccellenza.

Proprio i sentimenti veri di cui è detentrice Justine, dunque, sono condivisi quasi unicamente dal piccolo Leo che, non a caso, è molto affezionato alla zia ma al contempo, per diretto contrasto, ne è l'opposto in quanto figura simbolica dell'idea di futuro. Un opposto che, però, gradualmente, più che contrastante - nel film di von Trier non c'è alcun ruolo per l'ipotesi di un'umanità futura - si rivela complementare nel suo affidarsi all'ideologia di Justine necessitando di andare incontro alla catastrofe con la consapevolezza della consistenza di una purezza che non ha mai conosciuto all'interno del nucleo familiare[50]. Una purezza, tra l'altro, espressa dalla rudimentalità della finta capanna sotto la quale Justine convince Leo e Claire a sostare nella comune attesa della deflagrazione definitiva (fig. 31), purezza dissestata proprio da un movimento protettivo di Claire che, nell'avvicinarsi finale di Melancholia, proprio non riesce ad accettare una volta per tutte le dinamiche esterne alla propria conformazione simbolico-sociale.

Sul versante prettamente tecnico, infine, al di là di un comunque consueto utilizzo della macchina a mano come istanza ulteriore di approfondimento e vicinanza intellettuale ad ogni singolo personaggio - controbilanciata, però, da una profondità di campo insita in inquadrature in campo lungo riservate a Justine nell'esterno della villa proprio per meglio evidenziare la sua distanza ideologica dal contesto al quale appartengono i partecipanti al banchetto nuziale - , von Trier fa uso anche di una

---

[50] Una purezza la cui ideologia risiede, allora, anche in caratteristiche esterne al personaggio di Justine come individuo, vale a dire la sua professione creativa ascrivibile nell'ambito interpretativo di colei che, dunque, vede oltre l'oggettività delle cose, oltre le apparenze, oltre una normalità precostituita.

fotografia il cui significato cromatico non è da escludere come ulteriore capacità di conferimento di senso. Se, infatti, nel secondo capitolo, *Justine*, viene presa in considerazione una consistenza cromatica sostanzialmente tendente al giallo o all'ocra, nella terza parte, *Claire*, a predominare sono l'azzurro e il blu legati per direttissima alla consistenza visiva del pianeta Melancholia. Secondo le teorie spiritualistiche degli astrattismi pittorici di Vasilij Vasil'evič Kandinskij, il giallo è un colore dotato di una conformazione centrifuga, capace cioè di allargare una figura di esso intrisa «dal centro verso l'esterno», mentre il blu detiene una conformazione centripeta nella misura in cui «sviluppa un movimento concentrico (come una chiocciola che si ritrae nel suo guscio) e si allontana da chi guarda». Se ne deduce, dunque, che «l'occhio è abbagliato dal primo cerchio (nell'ipotesi che la figura colorata abbia la conformazione di un cerchio, *ndr*) mentre si immerge nel secondo»[51]. Sulla base della visione spiritualistica dell'arte di cui Kandinskij si serve per stabilire l'importanza dei colori come elemento portante di coinvolgimento emotivo dell'osservatore, proprio il giallo e il blu vengono utilizzati da von Trier ma in una interpretazione kandinskijana rivoltata a proprio personalissimo tornaconto per la sostanziale attribuzione di senso filmico. Se il giallo, dunque, è un colore che respinge lo sguardo e, di conseguenza, metaforicamente instaura una sensazione di distacco indotto, tanto dello sguardo quanto della visione interiore, in *Melancholia* von Trier ne fa uso proprio nella sequenza in cui, per contro, dovrebbe regnare armonia familiare, unione reciproca e vicinanza interpersonale. Allo stesso modo, la funzione centripeta

---

[51] Vasilij Vasil'evič Kandinskij, *Lo spirituale nell'arte*, SE 1989, pag.61.

88

del blu ha dimora fissa nella sezione terminale in cui ciò che arriva a distruggere tutte le cose (il pianeta azzurro Melancholia) assume un connotativo di attrazione salvifica seppur catastrofica, una significazione estrema di appoggio esterno - tanto alla Terra quanto alla condizione esistenziale di Justine che, non a caso, vi si stende nuda ai piedi (fig. 32) per assorbirne tutta la luce come linfa vitale assoluta perché altra dalla non vita precostituita - verso l'icona di fine del mondo intesa come sublimazione definitiva di una condizione umana pura e genuina proprio perché mortifera e destabilizzante rispetto alle imposizioni di normalità precostituite e, proprio per questo, inefficaci e portatrici insane di equilibrio imposto.

4
Fede, paura e scetticismo.

Trascendenze divine e sacralità umane

In precedenza abbiamo vagamente accennato all'ipotesi di valutazione dei tragicamente noti eventi statunitensi legati alla data dell'11 settembre 2001 come sfondo tematico - o anche solo lontanamente percettivo ma comunque presente perché tangibile con l'ausilio di un profondo tatto spirituale - che alcuni autori cinematografici hanno scelto di assimilare per confrontarsi con il tema apocalittico posto sullo sfondo o innalzato a ruolo di fuori campo utile a coinvolgere l'individuo, sia personaggio che spettatore, soprattutto dal lato emotivo e ideologico in base ad una realtà filmica metaforicamente riferita ad uno o più aspetti della comune esistenza.

Diversi autori hanno optato per una ancora più tortuosa discesa negli inferni in terra del vissuto umano contemporaneo, e alcuni di essi lo hanno fatto in maniera tale da riuscire a rientrare principalmente nelle dinamiche produttive da grande mercato, avendo così la fortuna - e il merito - di poter parlare a intere masse ricettive nella speranza - spesso fraintesa se non proprio bistrattata, purtroppo - di coinvolgerne la percentuale più emotivamente predisposta in discorsi che fanno del film soltanto il trampolino di lancio visivo-narrativo per riflessioni altre e ben più profonde.

Alcune parodie cinematografiche demenziali statunitensi non hanno esitato a prendere per i fondelli - sfruttando l'enorme bagaglio emotivo e spirituale solo apparentemente semplicistico di cui ogni suo lavoro è ricoperto - almeno una sequenza di un qualunque film di Manoj Night Shyamalan, regista naturalizzato statunitense ma originario indiano; e si attende ancora una predisposizione agli eccessi di ironia ai limiti del blasfemo - per ragioni pressoché simili - anche per il messicano Alfonso Cuaròn, soprattutto in luce della definitiva popolarità conferitagli dai 7 premi Oscar (tra cui anche quello assegnato alla miglior regia) che hanno cosparso di allori una pellicola metaforicamente monumentale come *Gravity* (2013).

Shyamalan e Cuaròn, certo, sono due registi diversi se si considerano le rispettive modalità di impostazione e gestione del profilmico in funzione, soprattutto, di ciò che andrà a delinearsi col procedere incessante del dispiegamento narrativo per immagini e - in modo molto particolare per entrambi - suoni. Mentre Cuaròn ha quasi una sorta di ossessione estetica per la tecnica del piano sequenza - tanto da far progettare e installare congegni su macchine da presa per crearne di affascinantissimi e sempre più suggestivi, arrivando alle vette dei piani sequenza di *Gravity* costruti e giocati in maniera perfetta su interscambi ottici e sensoriali tra riprese in studio e rielaborazioni digitali di post produzione - Shyamalan adotta un linguaggio molto più aderente ad uno stile classico hollywoodiano che non esita a risvoltare a proprio personalissimo tornaconto, però, con predisposizioni significanti, costruzioni dell'inquadratura e strutture narrative ad incastro fondamentali per la ricomposizione di quei tasselli che porteranno alla visualizzazione terminale del mosaico allegoricamente totalizzante. Malgrado si tratti di due autori esteticamente divergenti sotto questi aspetti, siamo di fronte a due artisti fondamentalmente non statunitensi che, però, utilizzano i budget delle produzioni a stelle e strisce per arrivare a toccare, in ogni loro esempio filmico, vette di trascendenza che fanno dell'idea di sacro un sentimento - più che un concetto - ascendente verso la purezza più assoluta delle intenzioni espressive. Tutto questo partendo da una base filmica produttivamente convenzionale ma talmente intrisa di valori umani universali da costringere lo spettatore a fare i conti con la propria personale predisposizione ad argomentazioni non percepite come quotidiane eppure mai così normalmente ascrivibili alla vita di tutti i giorni. Questi due casi meritevoli di più dettagliata attenzione[52] sono dunque accomunati ideologicamente da una concezione di sacro non del tutto differente ma messa in trasparente risalto tra le righe di approcci filmici diversi anche se rivolti alla riconsiderazione dell'essere umano solo ed esclusivamente per sua stessa capacità di ricognizione tanto spirituale quanto - per netta conseguenza risolutiva - pratica. In più, almeno una volta nella loro attività cinematografica, sia l'uno che l'altro hanno fissato sullo sfondo di certe vicende filmiche proprio l'ambientazione apocalittica - Shyamalan attraverso un'invasione aliena dall'esterno, Cuaròn dall'interno di un animo umano alla deriva autodistruttiva - come spinta motrice all'azione umanamente rivalutativa.

4.1. Segnali di speranza nel vivere dimesso. "Signs" di M. Night Shyamalan

---

[52] Quanto a Cuaròn e alle sue origini messicane, considerazioni profondamente umane andrebbero effettuate anche in paragone con il cinema di un altro importante autore sudamericano quale Alejandro González Iñárritu, almeno limitatamente ad una ipotetica trilogia dei sentimenti racchiusa tra gli intensissimi fotogrammi di *Amores perros* (2000), *21 grammi* (2003) e *Babel* (2006), film scritti da Guillermo Arriaga, anch'egli ora regista oltre che scrittore e sceneggiatore anche per altri film emotivamente imponenti come *Le tre sepolture* di Tommy Lee Jones (2005) e il suo stesso *The burning plain* (2008). A malincuore dobbiamo tenere fuori questi film dalla nostra trattazione in quanto nessuno di essi presenta all'interno della sua narrazione il benché minimo sfondo apocalittico.

Graham Hess (Mel Gibson) è un ex pastore protestante che ha abbandonato l'abito in seguito a una perdita di fede provocata dalla morte della moglie in un incidente stradale. Ritiratosi a vivere nella fattoria di famiglia, Graham trascorre i suoi giorni dimessi con, al suo fianco, il fratello Merrill (Joaquin Phoenix) e i suoi due bambini Morgan (Rory Culkin) e Bo (Abigail Breslin). Una mattina, Graham si sveglia di soprassalto come da un incubo. Mentre è in bagno a lavarsi i denti, in lontananza percepisce a stento il richiamo urlante dei due figli. Allo stesso modo si sveglia Merrill e i due cominciano a vagare nel mezzo del campo di grano antistante la casa in cerca dei bambini. Li trovano in un punto in cui sia Bo che Morgan hanno scoperto un cerchio nel campo. Morgan crede che quell'avvenimento sia riconducibile a una natura divina, mentre Graham e Merrill cercano di capire chi possa aver ridotto in quello stato una fetta del loro campo. Mentre Graham, dunque, parla con l'ufficiale Paski (Cherry Jones), chiamata in aiuto per cercare di capire chi possa aver manomesso il grano della fattoria, Bo e Morgan rischiano di essere sbranati da uno dei due cani da guardia in preda a un improvviso e inspiegabile attacco di rabbia. La notte stessa, Bo sveglia Graham chiedendogli un bicchiere d'acqua e avvisandolo di aver visto un mostro fuori dalla sua finestra. Graham la riaccompagna nella sua cameretta e scorge una sagoma strana oltre i vetri. Quindi sveglia Merrill credendo si tratti di vecchie conoscenze di litigio con le quali dover tornare a fare i conti. Ma una volta usciti all'esterno e circondata rapidamente l'abitazione, i due si ritrovano senza aver visto nessuno. D'un tratto, Merrill scorge qualcuno sul tetto dell'abitazione e non si spiega come un qualunque essere umano possa aver compiuto un salto così enorme in così poco tempo prima di scomparire nel campo di grano. L'indomani, durante la formulazione di alcune ipotesi poco probabili in presenza dell'ufficiale Paski, veniamo a conoscenza di alcuni dettagli importanti: la piccola Bo ha il vizio di lasciare una miriade di bicchieri pieni d'acqua in molti punti della casa; per quanto riguarda Morgan, nel momento stesso in cui ha scoperto il cerchio nel grano, nel vederlo portarsi alla bocca l'apposito medicinale abbiamo scoperto che soffre di asma. Una semplice domanda che l'ufficiale Paski rivolge a Merrill, poi, ci informa di un suo passato da giocatore di baseball divenuto famoso in seguito ad un record in battuta ancora insuperato. Mentre Graham, Merrill e l'ufficiale stanno parlando, Bo - che si trova in salone a guardare la televisione - dice di vedere la stessa cosa su tutti i canali. Ecco, dunque, che tutti i presenti apprendono dai telegiornali una notizia spaventosa: gli stessi cerchi trovati nel loro campo sono comparsi in molte altre parti del mondo. Prima di andare via, l'ufficiale consiglia a Graham di non prestare molta attenzione a queste notizie perché potrebbe trattarsi di uno scherzo collettivo già sperimentato in passato. In più, lo incita a portare la famiglia in città proprio per evitare di maturare pensieri e ansie in merito. Graham accetta il consiglio e porta i suoi in città: qui, Merril richiede informazioni presso un centro di arruolamento militare, Graham si reca in farmacia per rifornirsi delle medicine necessarie a Morgan mentre questi e la sorella entrano in una libreria per richiedere libri sugli alieni. Quando si ritrovano in una pizzeria, i quattro scorgono all'esterno Ray (interpretato dallo stesso Shyamalan), ovvero colui che ha investito la moglie di Graham uccidendola in seguito ad un involontario attacco di sonno. Il senso di colpa che l'uomo si porta dentro emerge da uno sguardo fugace scambiato con la famiglia Hess prima di fuggire via in automobile. Al rientro in fattoria, Morgan, in macchina, mostra agli altri alcuni dei segnali acustici molto ambigui provenienti dal baby monitor di Bo che ha recuperato in cantina al fine di sperimentare la sua fascinazione per l'occulto. Lo scetticismo di Graham e Merril, qui, entra in contrasto con quello dei due bambini che, invece, credono di vivere qualcosa di importante a livello soprannaturale. La cosa, però, comincia a turbare anche i due fratelli Hess, soprattutto Graham che, girovagando sospettoso nel campo la sera stessa, ha un primo incontro quasi frontale con una parte del corpo di un'entità aliena mimetizzata tra le piante. Pur avendo scelto di tenere fuori ogni mezzo di comunicazione mediatica - unico contatto effettivo con l'esterno - Graham acconsente a riaccendere il televisore ed è in questo istante che la tremenda realtà si presenta ai loro occhi: in tutto il mondo è in atto un'invasione aliena che potrebbe corrispondere tanto ad un evento pacifico - per quanto costernante - quanto alla fine dell'umanità. Presto la minaccia si concretizza come malefica perché Graham ha un nuovo incontro con una creatura aliena - anche se da questa separato da una porta - proprio in casa di Ray che, in stato confusionale e terrorizzato, aveva telefonato a Graham poco prima non lasciandogli capire cosa volesse. Prima del nuovo contatto con l'alieno, Graham ascolta e accetta l'intensa richiesta di perdono da parte di Ray, il quale poi annuncia di dirigersi verso una casa in riva ad un lago perché, a quanto pare, quei cerchi - che si sono rivelati punti di orientamento terrestre per l'invasione aliena - non sono comparsi in zone con forte presenza di acqua. Al rientro, Graham propone la stessa idea ai suoi ma viene persuaso dalla famiglia a restare in casa ad attendere l'inconoscibile. Hanno inizio i preparativi di attesa-difesa: Graham e Merrill sigillano ogni finestra e ogni possibile apertura, poi Graham prepara quasi una sorta di potenziale ultima cena chiedendo ad ognuno cosa desiderasse mangiare. Dopo contrasti personali legati alla scelta di pregare o meno prima del pasto, ha inizio l'invasione. Non essendo sufficienti le sbarrature apportate alla casa, i quattro sono costretti a ripiegare in cantina in difesa di un violento attacco di alcune creature che, però, non vediamo o sentiamo mai se non in minimi dettagli anatomici e curatissimi apporti sonori *off*. Dopo aver contrastato le prime forzature esterne, Morgan viene colto da un attacco di asma ma Graham ha dimenticato le medicine al piano superiore: ne consegue l'imperterrito tentativo di Graham di far respirare gradualmente Morgan tenendolo tra le braccia mentre lancia un'ulteriore sentimento di forte rancore verso quel Dio la cui assenza ha preso ad odiare in seguito alla morte della moglie. Passata la notte nel seminterrato, con Morgan convalescente ma vivo, il mattino seguente sembra essere tutto inspiegabilmente finito. Ma proprio quando i quattro escono dalla cantina, ecco apparire - in ombra - l'alieno che Graham aveva contrastato in casa di Ray - riconoscibile dalla mancanza di un dito di una mano che Graham aveva tagliato in un accenno di scontro sotto la porta - con in braccio Morgan. La creatura minaccia di spruzzare del veleno anatomico nelle narici del piccolo mentre gli altri restano pietrificati, ma Graham ha un riflesso mnemonico: per analessi, Shyamalan, prima dell'uscita della famiglia dalla cantina - quasi come in rappresentazione di un sogno di Graham - ci aveva portato al momento in cui Graham arrivò sul luogo dell'impatto che vide morire sua moglie, mostrandoci che, nel loro ultimo dialogo la consorte, in punto di morte, pronunciò parole apparentemente sconnesse rivolte a lui. Proprio quelle parole - che fino ad allora avevano sempre significato per Graham solo disconnessioni cerebrali antecedenti al decesso della donna - , tornando al presente assumono improvvisamente un valore risolutivo fondamentale: "vedi" lo stimola a guardarsi intorno fino a soffermare lo sguardo sulla mazza da baseball del record di Merrill appesa al muro come trofeo; "colpisci forte" è ciò che Graham ripete al fratello per fargli capire cosa fare. Mentre Merril prende la mazza, l'alieno spruzza il veleno nel naso di Morgan ma Bo lancia un urlo terrorizzato che distrae la creatura e consente a Merrill di colpirla. Una volta colpito, l'alieno, già indebolito dal precedente contrasto con Graham in casa di Ray, lascia cadere Morgan e indietreggia fino a sbattere contro un mobile che, in superficie, ha alcuni bicchieri d'acqua che Bo lascia abitualmente in giro per la casa. L'acqua cade sull'alieno e lo ferisce rivelandosi punto debole della specie: è qui che tutti apprendono del senso di ogni avvenimento o comportamento fino a quell'istante. Graham recupera Morgan e Bo ed esce all'esterno mentre Merrill finisce l'alieno con l'aiuto dei bicchieri d'acqua tutto intorno. Accortosi che proprio l'attacco di asma avuto in cantina aveva chiuso i polmoni di Morgan non permettendogli di inalare il veleno dell'alieno, Graham, al risveglio del figlio, riassume una consapevolezza universale riguardo l'esistenza di qualcosa che ha predisposto tutto in funzione di quel preciso avvenimento. L'evento, dunque, lo induce a riacquistare la fede riportando in famiglia quell'aura di serenità che mancava da tempo.

La grandezza linguistico-visiva di Shyamalan, in *Signs* (2002, col, 107') ancor più che nelle altre pellicole almeno dal celebre *Il sesto senso* (1999) fino al suo capolavoro *The village*

(2004), si attiva - sulla base di un linguaggio cinematografico classico ma perfettamente dedito alla creazione immediata di una potentissima economia visiva che intinge l'intera pellicola - fin da una primissima sequenza perfettamente esplicativa di ciò che è stato e di ciò che regna nell'animo del protagonista nonché di chi gli sta accanto. Naturalmente, si tratta di meccanismi visivo-narrativi alquanto sottili che, di conseguenza, richiedono una predisposizione spettatoriale attenta e dedita alla vicenda raccontata fin dalla prima visione.

Nella sequenza di apertura, dunque (minuto 2:09) prima ancora di inquadrare Graham nel suo risveglio improvviso, Shyamalan mette a fuoco su una foto di famiglia che l'uomo tiene posizionata accanto al letto (fig. 32); la foto lo ritrae con i suoi cari mentre veste l'abito talare. Ecco emergere, dunque, il suo ruolo di pastore protestante, subito chiarito come status abbandonato grazie ad una inquadratura successiva che, includendo nel mezzo la porta aperta del bagno in cui Graham si sta lavando i denti prima di percepire il grido dei figli, decentra leggermente sulla destra l'alone sul muro di una croce (fig. 33) rimasta appesa lì per tantissimo tempo e ora non più presente. Abbiamo appreso subito, tra l'altro, della condizione di vedovo che affligge l'uomo confrontando la messa a fuoco iniziale sulla foto di famiglia con il suo risvegliarsi al centro di un letto matrimoniale sul quale siede soltanto lui. Ma è proprio quell'alone della croce tolta dal muro dopo tantissimo tempo a caratterizzare tanto il personaggio quanto il senso della vicenda narrata: emerge qui un dato trascendente molto importante, vale a dire quello che spiega ciò che Graham vive nel suo animo devastato in seguito alla morte accidentale della moglie; col procedere della pellicola apprendiamo, per sua stessa ammissione, che l'uomo ha perso la fede e ha abbandonato l'abito, ma quel segno sul muro evidenzia a chiare lettere come un sentimento o una percezione così forte - come può esserlo una grande fede nel divino - non potrà mai essere persa del tutto ma finirà per corrispondere ad una presenza ineliminabile per quanto odiata e respinta. Sono questi, in sostanza, i veri segni che Shyamalan diffonde per tutto l'arco del film, ed è proprio questa grande cura del dettaglio significante nella costruzione del fotogramma a rendersi fondamentale per l'attribuzione di senso che parte dallo sfondo apocalittico (l'invasione aliena che si rivela malefica) per raggiungere livelli spiritualmente elevati in termini di trascendente come espressione di un disagio umano interiore con più o meno volontaria ricerca di soluzione.

Quanto al dato trascendente, la figura stessa di Graham Hess ha a che fare con una concezione di sacro che, anziché essere valutata attraverso mezzi iconologici - al di là del particolare della croce mancante e dell'abito che Graham ha abbandonato, poiché sono più elementi fotografici significanti che riferimenti religiosi - , viene pensata attraverso una sacralità riferita alla purezza dell'essere umano abbandonata a se stessa da cause di forza maggiore, tanto religiose quanto, soprattutto, sociali nell'ambito di un isolamento più o meno volontario dell'individuo dal contesto circostante - è anche questo il motivo per cui l'intera vicenda, fatta eccezione per la sequenza in città, viene vissuta, soprattutto al suo culmine, esclusivamente attraverso l'ambito familiare all'interno della sua abitazione, avendo il televisore come unico mezzo di contatto con l'esterno. L'idea di sacro che cosparge *Signs*, così come gran parte del pensiero di Shyamalan esteso in tutti i suoi film fino a *The village*, riguarda la ricerca non tanto di un Dio quanto di una presenza spirituale o comunque profondamente umana alla quale poter fare affidamento in Terra per un vivere comune impostato su criteri di fratellanza - non a caso ad aiutare Graham dopo la morte della moglie è proprio un fratello - e supporto reciproco, se non proprio di serenità. Malgrado l'individuo non riesca o non voglia ricercare una simile condizione, secondo Shyamalan l'esistenza è sempre e comunque piena di riferimenti invisibili che solo l'individuo in quanto essere umano può cogliere e acquisire come guida personale verso la speranza di una fuoriuscita dal baratro della solitudine contemporanea. È proprio la salvaguardia spirituale dell'individuo il nucleo fondante del cinema di Shyamalan e *Signs* ne evidenzia la necessità estrema stimolando proprio il vissuto di fine del mondo a diventare la spinta definitiva verso l'apertura della propria sensibilità. Il susseguirsi delle immagini cinematografiche, allora, prende come fulcro l'inconoscibile, il completamente altro - tanto divino quanto alieno - come tramite ai fini dell'esperienza spirituale legata a quella umana perché totalmente incarnata in essa. Ecco allora che, in maniera molto intensa anche nel cinema di Shyamalan, «le articolazioni del significato sono espresse attraverso le articolazioni del significante. Il senso non scaturisce esclusivamente dal contenuto visivo delle inquadrature ma anche dai modi della loro articolazione»[53]. Proprio attraverso l'articolazione tra linguaggio cinematografico significante e narrazione, dunque, Shyamalan conferisce quel significato capace di andare ben oltre il film e coinvolgere lo spettatore a patto che questi, naturalmente, appaia

---

[53] Mauro Di Donato, *L'evocazione del trascendente nel cinema* in *Cinema e religioni* a cura di Sergio Botta ed Emanuela Prinzivalli, Carocci 2010 (pag. 29).

psicologicamente e spiritualmente attivo. Il senso di sacro più umano che divino, allora, emerge attraverso il caos interiore sia di partenza - quello di Graham - che generato dalla vicenda aliena apocalittica, per arrivare a riordinare i tasselli di una realtà personale sconvolta da cause esterne inevitabilmente coinvolgenti lo stato interiore dell'individuo. Quello che Shyamalan fa attraverso il suo cinema, allora, è ciò che Paul Schrader definisce *scissione*[54], ovvero ciò che attraverso l'immagine cinematografica e il senso espresso dalla narrazione è possibile percepire per partire dal film e raggiungere una sorta di trasformazione intesa come capacità di comprendere e vivere - grazie al film - una dimensione altra. Lo spettatore, allora, deve assorbire ma staccarsi dal realismo razionale della messa in scena - secondo il quale, in *Signs*, diversi elementi scadrebbero nel ridicolo come, su tutti, la mancanza di capacità di devastazione in figure aliene che patiscono difficoltà enormi anche solo al cospetto di una porta chiusa - per approdare, ad una lettura fondamentalmente spirituale degli eventi estrapolando, cioè, quanto di più intangibile sia presente nel mondo fisico rappresentato per oltrepassare la logica materialista, in modo da arrivare a comprendere «ciò che di fuori del comune e di rivoluzionario è rinvenibile nell'esperienza umana»[55]. Se c'è una fede da seguire, dunque, è principalmente quella in cui deve confidare lo spettatore dinanzi al film-simbolo. E se c'è un alieno o un mostro da dover affrontare per garantirsi la sopravvivenza, questo non è altro che il demone interiore di un individuo erroneamente convinto di poter risolvere il suo difficile rapporto

---

[54] Paul Schrader, *Il trascendente nel cinema*, Donzelli 2010.
[55] Ermelinda M. Campani, *Forme del sacro al cinema* in *Cinema e religioni* a cura di Sergio Botta ed Emanuela Prinzivalli, pag. 54.

con l'esterno - sia divino che interpersonale - con il distacco volontario dalle proprie responsabilità soprattutto interiori. In *Signs*, la sequenza dello scantinato in cui avviene il contrasto contro l'esterno che fa irruzione nel nucleo familiare (microcosmo di alcune sfaccettature del genere umano) «in senso fisico rappresenta l'inferno metaforico e astratto che Graham deve affrontare per riconciliarsi con la sua famiglia e con Dio»[56]. In questo senso, allora, ciò che appare inspiegabile a parole o attraverso costruzioni visive viene affidato al fuori campo come riferimento a quanto di più recondito ma caratterizzante si annidi nell'animo umano[57], così come fuori campo, però, in quanto estremamente personale, autoreferenziale ed epifanica, è tenuta anche quella sorta di rinascita simboleggiata dal risveglio di Morgan tra le braccia del padre al termine della vicenda.

Per quanto riguarda, invece, il dato critico socio-antropologico, Shyamalan sfrutta la situazione apocalittica per togliersi anche qualche sassolino critico dalla scarpa inserendo nel film una serie di dettagli importanti per inquadrare la sua particolare e condivisibile visione della realtà attuale. Si accennava in precedenza all'impatto sociologico attribuito al mezzo televisivo come unico contatto - non tattile ma sensorialmente audiovisivo - con l'esterno. Ebbene, proprio l'oggetto televisore, in *Signs*,

---

[56] Andrea Fontana, *M. Night Shyamalan. Filmare l'ombra dell'esistenza*, Morpheo 2007, pag. 83.

[57] «Non c'è cosa peggiore dei mostri generati dalla mente umana, qualsiasi cosa si mostri non avrà lo stesso effetto. In effetti l'esibire porta l'oggetto a perdere la sua innocenza, la visione ne risulta dunque spuria di ogni estremismo, l'oggetto rimane immacolato nella testa di chi lo immagina, senza perdere la verginità dell'incarnazione» (Andrea Fontana, *M. Night Shyamalan. Filmare l'ombra dell'esistenza*, Morpheo 2007, pag. 74).

assume un ruolo importante per lo sviluppo sia sociale che psicologico dell'individuo, specialmente nella sua appartenenza occidentale. Tornando un attimo proprio a quel fatidico 11 settembre 2001, qualunque individuo non presente quella mattina nella città di New York è riuscito a venire a conoscenza dei terribili avvenimenti in maniera assolutamente diretta per tramite proprio di uno schermo televisivo. Qualunque notiziario, ovviamente, così come qualunque altra trasmissione televisiva in programma per quella o per le successive giornate di palinsesto, incentrò l'attenzione specifica sugli eventi statunitensi. La reazione pubblica più immediata fu quella del "sembra un film": di colpo, nella coscienza visiva collettiva, qualunque creazione da effetto speciale di film d'azione o catastrofisti assumeva un valore reale ma, paradossalmente, identificabile come irreale, verso il quale difficilmente riporre una credibilità sulla scia di almeno mezzo secolo di produzioni cinematografiche e televisive incentrate sul fattore spettacolare. Ne conseguirà, almeno in un certo tipo di cinema più sperimentale o comunque diverso, un ritorno ad una sorta di azzeramento visivo dell'immagine[58] o, parallelamente, l'approccio ad una differente e più approfondita scelta tematica. È questo il motivo per cui Shyamalan, in un film che ha come sfondo un'invasione aliena, sceglie di non mostrare praticamente mai la conformazione delle creature, giocando alla perfezione con il

---

[58] Ad aver riflettuto di più su questo elemento visivo, probabilmente, è il Gus Van Sant di *Gerry* (2002), film in cui, nel seguire la dispersione dei due protagonisti (Matt Damon e Casey Affleck) nel mezzo del deserto, non si assiste ad alcun tipo di costruzione dell'immagine che non faccia riferimento alla grandezza universale degli spazi aperti. La metafora del ritrovare la strada dopo aver attraversato il deserto, allora, assume un valore quasi catartico di nuovo inizio tanto linguistico quanto esistenziale.

linguaggio cinematografico allo scopo di fare del fuori campo e della cura del suono i mezzi essenziali per il conferimento di un senso ben differente. Ciò che Shyamalan cerca non è la spettacolarità che per contro, sempre all'interno del film, assume il mezzo televisivo nel suo essere l'unico artefice della consapevolezza nei confronti degli eventi esterni, ma una maggiore focalizzazione sul senso che la vicenda produce nel suo evolversi. Gli alieni non vengono mostrati praticamente mai, specialmente nella scena cardine della difesa dall'attacco esterno nella cantina, tutta giocata sul fuori campo (fig. 34) e sulla costruzione di un suono capace di mostrare acusticamente ciò che sta accadendo senza renderne l'evidenza (minuto 1:19:15) - in questo non molto lontano dalle intenzioni del Don Siegel de *L'invasione degli ultracorpi* (1956) o dall'Alfred Hitchcock de *Gli uccelli* (1963). Laddove la figura aliena è resa più evidente, ma comunque attraverso una visione appannata da ombre o grana televisiva, è invece, non a caso, in un video amatoriale trasmesso dai notiziari (fig. 35) e, soprattutto, in quell'ultima e decisiva sequenza dove è proprio il mezzo televisivo ad evidenziarne la presenza in primo luogo ma non più attraverso una trasmissione televisiva. Infatti, nel momento in cui la famiglia esce dallo scantinato in seguito alla fine dell'attacco alieno, un certo ritorno alla normalità viene evidenziato dal recupero del segnale televisivo. Graham, per incentivare il ritrovato stato di tranquillità, prende il televisore dallo stanzino nel quale era stato relegato quasi per salvaguardia psicologica e acconsente a riportarlo in salotto per far calmare i bambini; ma proprio nel momento in cui riporta il televisore (minuto 1:29:20) la macchina da presa, che lo seguiva in una carrellata a precedere, si sofferma sullo schermo spento che riflette l'alieno con Morgan tra le braccia (fig. 36). Questa visione, legata alla prima raffigurazione della figura aliena intera attraverso il filmato amatoriale trasmesso dai notiziari, sta al centro di una riflessione alquanto estesa sui mezzi di comunicazione di massa: l'immagine televisiva detiene un ruolo talmente forte nella conoscenza umana[59] da rischiare seriamente di rimpiazzare la visione reale o di fare della visione reale stessa una spettacolarizzazione non più conferente sensazioni perché "già vista"[60]. Il fatto che Graham, nel risolvere la situazione contro l'alieno, abbia il compito di vedere - in verità osservare, più che vedere - va proprio in controtendenza con la natura principale dell'immagine spettacolare o da intrattenimento, ovvero quella il cui compito resta il preservare il piacere visivo «che ogni giorno scodella migliaia di immagini». Si tratta delle chiavi necessarie ad accedere al senso profondo espresso tanto dal cinema di Shyamalan quanto dal discorso sulle capacità cognitive dell'individuo nell'era dell'interconnessione amplificata.

---

[59] Motivo per cui, in *Signs,* Shyamalan, attraverso lo schermo dello stesso televisore - questa volta capovolto perché caduto in terra - mostra l'ombra dell'alieno anche nel suo ultimo respiro prima di morire (minuto 1:34:13), così come l'inizio della lotta tra l'alieno e Merrill dopo il primo colpo viene visto attraverso una semisoggettiva della piccola Bo che osserva i due dall'esterno del vetro spaccato della finestra che dà nel salone quasi come fosse uno schermo simulato (minuto 1:33:31).

[60] «Nessuno si pone più domande del genere, perché gradatamente la televisione è diventata la nostra cultura. [...] La televisione è diventata, per così dire, la manifestazione basilare dell'universo sociale e intellettuale, l'impercettibile residuo del Big Bang elettronico di un secolo fa, così familiare e così completamente integrato nella cultura attuale che non sentiamo neanche più il suo sibilo e non scorgiamo più la sua luce» (Neil Postman, *Divertirsi da morire. Il discorso pubblico nell'era dello spettacolo*, Marsilio 2002, pp. 100-101).

Nel compiere questa critica abbastanza evidente, però, Shyamalan - contrariamente alle altre sue pellicole importanti - ricorre comunque a un espediente capace di attirare l'attenzione dello spettatore anche in maniera diversa da quella diligentemente concettuale. Si tratta, cioè, di un fattore ironico che ricorre in vari punti del film quasi ad alleggerire momentaneamente la serietà universale del discorso filmico. Quando la famiglia Hess va in città per svagarsi, ad esempio, in macchina Bo punta il dito indice della mano destra verso Morgan al suo fianco (fig. 37), evidente riferimento giocoso al personaggio alieno di E.T. di Steven Spielberg[61]; quando Morgan e Bo, poi, sono in libreria per procurarsi dei testi sugli UFO, il proprietario, assistendo agli eventi esterni attraverso i notiziari televisivi, si lamenta degli eccessi di propaganda pubblicitaria che ne fanno da intermezzo.

Anche altri temi emergono, infine, tra le righe di una narrazione comunque direzionata in primo luogo al recupero spirituale dell'individuo. Un riferimento evidente lo si percepisce, ad esempio, nella paura del diverso da sé, fattore messo in scena - contrariamente alla stragrande maggioranza delle pellicole di *science fiction* convenzionali - in scenari diurni proprio per evidenziare la quotidianità di una simile situazione. Il tema del diverso e dell'altro da sé (tanto razziale quanto sociale o intellettuale) emerge a chiare lettere nel momento in cui Merrill sferra il colpo frontale decisivo che sconfigge l'aliano nell'ultima

---

[61] D'altra parte, proprio al cinema di Spielberg era stato accostato quello di Shyamalan in luce dei due film precedenti, *Il sesto senso* (1999) - il cui protagonista al fianco di Bruce Willis, tra l'altro, era proprio l'Haley Joel Osment di *A.I. – Intelligenza Artificiale* (2001) di Spielberg, proveniente da un vecchio progetto di Stanley Kubrick - e *Unbreakable* (2000).

risolutiva sequenza (minuto 1:33:50): la visione, qui, è affidata ad una soggettiva dell'alieno stesso lasciando supporre, dunque, che Shyamalan abbia voluto affidare proprio allo spettatore - protagonista inconscio di quella visione - il ruolo di comprensione e consapevolezza nei confronti di un diverso simbolo di paura e distacco da affrontare e vincere - se riferito alle paure personali e agli ostacoli interiori - o da avvicinare per meglio comprendere - se riferito all'ambito interpersonale (specialmente post 11 settembre).

Altra contrarietà ai blockbuster di genere, poi, è il racchiudere una vicenda apocalittica planetaria in un solo nucleo familiare, lasciando ampio spazio, così, a quell'approfondimento psicologico legato, sì, anche a considerazioni socio-politiche[62] ma ben più rivolto a fattori di incomunicabilità familiare derivanti dalla scelta di Graham di abbandonare non solo la fede ma la propria stessa forza d'animo nell'elaborare il lutto. Proprio questa scelta fa da pilastro portante anche al contrappeso di valore attribuito alle figure infantili: sono loro a credere per prime in qualcosa di eventualmente soprannaturale - quando non ne sono diretti protagonisti (*Il sesto senso*) se non irremovibili consiglieri verso gli scetticismi della figura genitoriale (*Unbreakable*) - o divino[63]contra stando drasticamente l'improvvisa assenza di riferimenti ultraterreni del padre. Sono i bambini a non credere

---

[62] Non è un caso nemmeno la scelta dei colori attribuiti all'esterno dell'abitazione della famiglia Hess, ovvero quelli della bandiera statunitense. L'elemento del fuori campo, in questo senso, arriva a simboleggiare anche la paura di un nemico invisibile legata alla conseguente ossessione per la sicurezza.
[63] «Credo sia opera di Dio» è una delle prime frasi che Morgan pronuncia nel film in riferimento ai cerchi nel grano (minuto 4:30). «C'è un mostro fuori dalla mia finestra» dice Bo al padre prima di chiedere semplicemente un bicchiere d'acqua (minuto 12:32).

immediatamente, per istinto, all'essenza apocalittica di ciò che sta avvenendo, attribuendo al tutto anche una possibilità di futuro ben diversa da quella fino a quel momento scientificamente conosciuta; in questo, probabilmente, la figura dello zio Merrill è un ponte di passaggio soprattutto tra Morgan e Graham poiché detiene un carattere inizialmente scettico ma poi facilmente addomesticabile con l'apertura al sovrannaturale. La figura stessa del bambino - e dell'adulto convertito come Merrill - , in sostanza, rappresenta già somaticamente l'ipotesi di futuro in contrasto con la fossilizzazione nel passato e nel presente luttuoso di Graham, nonché l'unica vera fonte di speranza e comprensione (o almeno percezione) di quanto più profondo si possa scovare nell'antro dell'esistenza umana.

4.2. Anamorfosi di un futuro presente. "I figli degli uomini" di Alfonso Cuaròn

Se il discorso di Shyamalan, dunque, contiene, tra le sue varie sfumature, anche il riferimento alla paura del diverso, questo fattore diventa preponderante in qualità di disappunto, distacco e totale mancanza di affidamento nei confronti, invece, dei propri simili umani per l'Alfonso Cuaròn di *I figli degli uomini* (2006, col, 109').

Nell'anno 2027, in una Londra distopica completamente abbandonata a se stessa tra macerie, degrado sia urbano che civile, atti di vandalismo e corruzione, Theo (Clive Owen), ex attivista politico, vive una vita dimessa e rassegnata in un'epoca in cui una condizione planetaria sconvolgente sta segnando, giorno dopo giorno, la fine dell'umanità: la specie umana, infatti, è stata violentemente colpita da una vera e propria epidemia di infertilità.

Da diciotto anni esatti, dunque, non nascono più bambini e l'essere umano più giovane, appena diciottenne, è stato brutalmente assassinato. Al contempo, nel Regno Unito, interi gruppi di immigrati vengono massacrati, rinchiusi in campi profughi o rispediti per direttissima nei loro luoghi di origine; quelli che riescono a sfuggire alla violentissima polizia diventano latitanti o si aggregano a gruppi di ribelli armati. Theo guarda tutto questo non con distacco ma con assuefazione mentre attende la fine dell'umanità vivendo una sorta di anestesia intellettuale. A fargli compagnia c'è solo il vecchio amico Jasper (Michael Caine), un ex hippie staccatosi dalla città già da diverso tempo e deciso a portare avanti la sua esistenza in una casa nel bosco coltivando cannabis e accudendo sua moglie, giornalista d'assalto ridotta allo stato catatonico in seguito a tremende violenze subite durante il suo lavoro. Mentre procede nella sua inconsistente esistenza e dopo essere sfuggito d'un soffio all'ennesimo attentato in un bar delle vie centrali della città, Theo viene rapito dai Pesci, un gruppo paramilitare capitanato dalla sua ex moglie Julian (Julianne Moore) che chiede all'uomo di aiutarla ad ottenere un lasciapassare per Kee (Claire-Hope Ashitey), una prostituta di colore e immigrata speciale in quanto rivelatasi unica donna al mondo ad essere incinta. L'evento ha la valenza del miracolo. Così, Theo coinvolge il cugino Nigel (Danny Huston), collezionista di beni artistici che intende preservare dalla distruzione circostante. Ottenuto da lui il lasciapassare, a Theo viene però affidato il compito di proteggere la ragazza fino al raggiungimento della nave Tomorrow, base di un'associazione per la salvaguardia degli esseri umani chiamata Progetto Umano. Le cose si complicano quando Julian viene uccisa in un agguato contro l'auto in cui lei, Theo e Kee viaggiavano al fianco di Luke (Chiwetel Ejiofor) e Miriam (Pam Ferris). Scampati all'agguato ma senza più Julian, durante la ritirata nel rifugio dei Pesci Theo scopre che sono stati proprio i membri del gruppo terroristico a pagare le bande per compiere, assieme ad alcuni di loro, l'imboscata mirando ad uccidere la donna per usare il bambino di Kee a scopi politici. Theo, allora, avendo compreso a pieno la fondamentale importanza del nascituro, si arma del coraggio e della caparbietà che aveva quando svolgeva il ruolo di attivista, prende con sé Kee e Miriam e si rifugia da Jasper. Proprio l'anziano amico lo aiuta a trovare un passaggio fino a ad un campo profughi dal quale potrà raggiungere la nave Tomorrow. Poco dopo il ritorno in marcia di Theo con le due donne, Jasper viene ucciso dai Pesci. All'arrivo presso il campo profughi, Miriam viene brutalmente separata da Theo e Kee che, invece, riescono a rifugiarsi in una stanza sudicia dove viene fatto nascere il piccolo che si rivela essere di sesso femminile. Ma di lì a poco esplode una violentissima rivolta di cui i Pesci approfittano per entrare nel campo e riprendersi la ragazza con la bambina. Nel bel mezzo degli scontri armati più atroci, però, Theo riesce a ritrovarla e a traghettarla fino alla nave. Vittorioso nel suo compito più importante, Theo è stato però ferito da un colpo d'arma da fuoco nel mezzo degli scontri e, di conseguenza, si accascia proprio mentre la nave Tomorrow arriva a recuperare la barca su cui attendeva assieme a Kee che viene tratta in salvo con la sua bambina.

Malgrado sia ambientato nel 2027, *I figli degli uomini* è un film tremendamente incanalato nel presente. Proprio quell'inferno in Terra su cui Italo Calvino richiamava l'attenzione nell'ultima pagina del suo *Le città invisibili* viene reso con estrema evidenza,

110

certo, metaforica ma anche sostanzialmente visiva laddove è proprio il fattore fotografico ad incentivare, nello spettatore, un ulteriore senso di paura e disagio con conseguente immedesimazione riflessiva. Cuaròn, stravolgendo notevolmente il testo letterario di partenza (*Children of men* di P.D. James del 1992), raggiunge con grande merito il suo fondamentale intento concettuale e descrittivo attraverso due scelte fondamentali. La prima, di carattere scenografico, riguarda la costruzione di una Londra riconoscibile attraverso i suoi elementi tipicamente architettonici o urbani (Big Ben, piazze, autobus a due piani, automobili con guida sul lato destro con rispettivo ordine su carreggiata), quindi vivibile dall'immedesimazione spettatoriale in quanto luogo riconosciuto e accettato come tale dalla coscienza collettiva. La seconda scelta, di carattere puramente cinematografico, riguarda invece la decisione di attribuire il punto di vista principale non al protagonista della vicenda ma ad una focalizzazione, sì, interna però delegata all'istanza narrante per eccellenza in qualità di personaggio aggiuntivo: a detenere lo sguardo principale su tutta la vicenda narrata e sulla situazione complessiva nel suo svolgersi, infatti, è proprio la macchina da presa che, in questo caso particolare, assume un punto di vista e una valenza quasi da reporter di guerra, attribuendo di fatto proprio allo spettatore il ruolo di protagonista assoluto sia in ambito visivo - Cuaròn, infatti, facendo uso quasi per tutto il film della macchina a mano, il più delle volte sceglie di terminare o spezzare la continuità del percorso che l'obiettivo compie al fianco del protagonista, nei tantissimi piani sequenza di cui è composto il film, attraverso spostamenti dell'inquadratura rivolti verso quasi tutto ciò su cui lo spettatore-individuo rivolgerebbe la sua attenzione qualora si trovasse realmente nel campo della visione (cadaveri, esplosioni, uccisioni in direttissima con tanto di sangue che schizza sull'obiettivo (fig. 38) o bruschi spostamenti come per paura di ricevere un proiettile, squallore circostante, macerie, situazioni strambe in cui delle vere e proprie gabbie costringono gli immigrati ad un'umiliazione estrema). Tutto il film, dunque, risulta essere una sorta di unica soggettiva ideale dello spettatore chiamato in causa per direttissima a vivere sulla sua stessa pelle emotiva l'apocalittica vicenda narrata. L'individuo-spettatore, insomma, assume una sorta di ruolo da reporter di guerra solitario o moltiplicato attraverso i punti di vista di più individui esterni alla vicenda (perché mai inquadrati) ma principali perché reali protagonisti e fautori del risultato finale che corrisponde, in definitiva, al film intero.

Proprio per evidenziare e rendere efficace fin da subito questo importante intento stilistico, Cuaròn apre il film - dopo aver lasciato la spiegazione verbale della situazione circostante, guarda caso, proprio ad un telegiornale - con un primissimo piano sequenza che concorre a presentare sia l'entità del protagonista che la situazione generale. Theo entra in una caffetteria Starbucks facendosi spazio tra una folla che, nel frattempo, sta apprendendo dal televisore, posto in alto nel locale, la tremenda notizia che informa dell'uccisione del più giovane essere umano esistente sul pianeta (diciottenne) in una rissa. Mentre tutti hanno lo sguardo rivolto in alto verso il televisore e appaiono costernati, Theo non si cura dell'informazione se non per qualche secondo dopo aver preso il suo caffè e aver notato lo sguardo uniforme di tutti i presenti. Ma il suo volto, a differenza degli altri, non appare distrutto dall'evidenza dei fatti. Ecco emergere, dunque, il suo stato d'animo individuale: non vinto ma rassegnato, in perenne attesa dell'inevitabile fine dell'umanità provocata dalla terribile condizione di sterilità ma anche - se non soprattutto - dall'ipocrisia di un governo che, invece di tentare di risolvere l'enorme dilemma con qualsiasi mezzo a disposizione, si assicura la distribuzione, a tutti i cittadini, di un kit per suicidio indolore. Delineato il personaggio attraverso questi primissimi atteggiamenti, segue la caratterizzazione della situazione circostante: Theo esce dal locale con caffè alla mano mentre il reporter-spettatore - macchina alla mano - lo segue alle spalle, in figura intera, uscendo anch'egli dal locale. Theo prosegue lungo il marciapiede e l'osservatore invisibile non esita a guardarsi anche intorno per mostrare il livello di degrado emergente a vista d'occhio dalla metropoli prima di tornare sul protagonista che, nel frattempo, si è fermato a mescolare del whisky nel suo caffè (altro dato sensibile del protagonista: è un alcolista). Ma ecco che proprio nel momento in cui la m.d.p, senza mai staccare, scavalca il campo per passargli alle spalle e riprenderlo in mezza figura dal suo lato sinistro, la visione che apre la profondità di campo lascia assistere ad una violenta esplosione proveniente proprio dall'interno dello Starbucks dal quale è uscito Theo poco prima. Ecco delineata, dunque, anche la situazione ideologica e antropologica: siamo nel pieno di una vera e propria guerra civile sulla strada senza ritorno verso un'apocalisse in Terra proveniente dall'odio reciproco tra gli individui (razziale, classista, governativo), una catastrofe decisamente umana a cui il trauma dell'infertilità fa da non unica base portante. A partire dal momento successivo all'esplosione, però, la macchina a mano lascia nel fuori campo destro il protagonista per poi avanzare verso il luogo dell'attentato (fig. 39) proprio come farebbe un reporter di guerra pronto per il suo tristemente fortunato scoop giornalistico, delineando e identificando, quindi, l'essenza della vera istanza narrante, ovvero quella attribuita allo spettatore-reporter.

Proprio la profondità di campo è un dato tecnico fondamentale nel cinema di Cuaròn, in particolar modo per il senso che assume rientrando nell'ambito de *I figli degli uomini*. Il filosofo sloveno Slavoj Žižek, nel corpo del suo discorso complessivo incentrato soprattutto su ideologia e globalizzazione, trae dal film di Cuaròn importanti spunti di riflessione proprio considerando l'importanza della profondità di campo nell'attivare uno sfondo visivo che, per contro, risulta corrispondere ad un primo piano concettuale. «Il vero punto focale si trova sullo sfondo ed è importante che resti lì», sostiene Žižek. «Si tratta del paradosso che chiamo *anamorfosi*[64]: se guardi la dimensione sociale opprimente in maniera troppo diretta, non la vedi. Puoi vederla davvero soltanto da un'angolazione obliqua o se rimane, appunto, sullo sfondo»[65]. Utilizzando proprio una sorta di metafora visiva, dunque, Žižek valuta come anamorfico il compito attribuito proprio allo spettatore-individuo di andare ben oltre - e non solo in maniera visiva - il dato narrativo di base, chiedendogli, cioè, di

---

[64] L'*anamorfosi*, in geometria, è la proiezione di una figura appartenente ad un dato piano su di una superficie di conformazione differente, il più delle volte curva, sulla quale si ottiene una figura identica a quella di partenza ma deformata rispetto all'originale. In pittura, l'anamorfosi è utilizzata per compiere deformazioni prospettiche che consentono una giusta visione all'osservatore soltanto se questi si posiziona ad una determinata angolazione rispetto all'immagine per arrivare a ricoprire il punto di vista richiesto dall'autore.
[65] Dichiarazione di Slavoj Žižek presente in un'intervista contenuta tra gli extra dell'edizione speciale in due dischi del Dvd de *I figli degli uomini*, Universal Pictures 2007.

114

conferire senso alla sua stessa possibilità di visione in sala spostandosi sul lato percettivo principale, ovvero quello costituito dallo sfondo tanto visivo (macerie, detriti, distruzione, uccisioni, combattimenti, torture relegate sullo sfondo ma comunque rese a fuoco in profondità di campo proprio per un loro fondamentale impatto sulla percezione complessiva dell'osservatore) quanto tematico (l'oblio umano costretto ad un ruolo marginale nella scala di valori di un governo che non affronta lo stato di crisi estrema preferendo sbarazzarsi fisicamente di ciò che ritiene il problema maggiore - l'immigrazione - preoccupandosi di continuare a contrastare aspramente, invece, la coltivazionc c l'uso della Cannabis sativa).

Sulla scia di queste scelte stilistiche fondamentali, dunque, Cuaròn dissemina molti spunti di riflessione ideologica che vanno ben oltre la sola storia raccontata, riuscendo ad amplificare il senso di introspezione partendo da ciò che solo apparentemente risulterebbe essere relegato allo sfondo sia visivo che interpretativo. In primo luogo, la situazione generica della Londra - così come del mondo intero - in data 2027 non appare affatto futuristica se non unicamente attraverso un comunque evidente processo tecnologico (schermi in strada, computer, tecnologia generica) che viene, però, sovrastato da un irrecuperabile abbandono sia interpersonale che urbano. Macerie, immondizia, apatia, odio e sopraffazione reciproca sono all'ordine del giorno in una realtà in cui tutto questo ha assunto un traumatico coefficiente di normalità. Ci si occupa, paradossalmente, solo di salvaguardare una storia dell'Arte mondiale di cui nessun essere umano potrà mai usufruire se il dramma dell'infertilità non verrà risolto per scacciare l'umanissimo demone apocalittico. Di questa salvaguardia è incaricato Nigel, il ricco cugino di Theo, il quale, però, tra gli sterminati reperti recuperati e collezionati, custodisce anche un David di Michelangelo con una gamba quasi mozzata (fig. 40) da una condizione civile che nemmeno il supremo valore spirituale incarnato dalla forma artistica più elevata potrà mai almeno tentare di affievolire, situazione ben delineata anche dal netto contrasto significante tra la pacatezza del pasto che Theo e Nigel consumano assieme e la prorompente forza drammatica della *Guernica* di Picasso dinanzi alla quale siedono (fig. 41)[66].

Proprio nel corso della sequenza in cui Theo fa visita a Nigel per chiedergli un aiuto in riferimento al suo compito di protezione della giovane immigrata incinta, il Cuaròn-spettatore-reporter sofferma per diversi secondi un'inquadratura dell'ennesimo piano sequenza verso ciò che si vede all'esterno dei vetri della lussuosa abitazione di Nigel. In questo particolarissimo fotogramma (minuto 21:03) è racchiusa una citazione a dir poco significativa: mostrando un esterno costituito da una parvenza di nucleo industriale inserito nel corpo della città vista dall'alto, Cuaròn inserisce - oltre i vetri della finestra e sempre sullo sfondo come fattore concettualmente portante - un gigantesco pallone aerostatico raffigurante inspiegabilmente un maiale (fig. 42) e posto, nel fotogramma, nel mezzo dei profili delle mezze figure di Theo e Nigel in maniera tale

---

[66] Non a caso, Cuaròn fa uso del celebre dipinto di Picasso in riferimento ad uno sfondo narrativo più importante dei suoi stessi protagonisti. *Guernica* (olio su tela del 1937), infatti, proveniva dall'intenzione di Picasso di fornire una forte critica alla Guerra Civile spagnola. Il quadro fu realizzato in seguito ad un bombardamento aereo dell'omonima città: non è un caso, forse, nemmeno la scelta di Cuaròn nel mostrare, sempre sullo sfondo, proprio un devastante bombardamento aereo sul finale del film, quanto Theo e Kee attendono l'arrivo, in mare, della nave Tomorrow.

da dividere concettualmente le loro posizioni sociali e morali[67]. In verità, non è difficile riconoscere, in questa visione, il richiamo netto alla copertina di un album della celeberrima rock band inglese dei Pink Floyd (fig. 43). L'album in questione si intitola *Animals* (1977) ed è dichiaratamente ispirato al libro di George Orwell *La fattoria degli animali* (1947), all'interno del quale l'autore ironizzava aspramente proprio su una condizione dittatoriale, in quel caso riferita al totalitarismo sovietico dell'epoca staliniana. Nel caso dell'album dei Pink Floyd, viene mantenuta la metafora che raffigura l'essere umano come animale nella misura in cui una determinata specie rappresenta una specifica classe sociale. Nel romanzo di Orwell come nel disco dei Pink Floyd (attraverso i testi di Roger Waters) la figura del maiale è particolarmente legata al dispotismo delle classi politiche dirigenti, esattamente quelle che hanno contribuito allo sfracello della condizione umana nella quale il film di Cuaròn si muove rendendo consapevole Theo di un ennesimo sfruttamento a fini propagandistici dell'eventuale possesso governativo della ragazza incinta.

Proprio il riferimento alle figure degli animali, però, assume ancora più importanza laddove di animali - sullo sfondo concettuale più che visivo - il film è praticamente cosparso. In particolare, risalta una sorta di placida tranquillità nella vita vissuta proprio dalle forme animali in netta contrapposizione con l'ansia di sopravvivenza e il terrore esistenziale degli individui umani. Questa tranquillità animale sembra quasi rappresentare una sorta di

---

[67] Quando Theo, in questa sequenza, chiede a Nigel il motivo per cui ha accettato di preservare il patrimonio artistico dell'umanità se tra meno di un secolo non esisterà più alcun essere umano al quale sottoporlo, questi risponde: «Molto semplice: non ci penso».

fiduciosa attesa del momento in cui l'ultimo uomo sulla terrà esalerà il suo respiro finale, attimo oltre il quale solo altre specie animali differenti da quella umana potranno avere spazio assoluto e ragione di rivalsa naturale. Ma si tratta di una visione forse alquanto forzata perché, in fin dei conti, sono proprio le altre specie animali a fiancheggiare l'essere umano nel suo tragitto di salvezza etica. Il vecchio Jasper ha con sé un docile cagnolino e un gatto che, in una sequenza iniziale in cui Theo va a fargli visita (minuto 8:56), siede proprio accanto al protagonista su di un divano (fig. 44): in questa occasione, è sottile l'accostamento tra Theo e la figura felina intesa come simbolo scandinavo di fertilità e figura totemica indiana propiziatrice di nascite, specie se di lì a poco sarà proprio Theo - e con lui lo spettatore-reporter - a venire a contatto con il miracolo del bambino portato in grembo da Kee. Il cane che, invece, nella stessa scena - in uno dei pochissimi scambi di campo e controcampo - , siede al fianco di Jasper (fig. 45) incrementa il valore dell'uomo in qualità di guardiano e protettore servile e amichevole nei confronti di Theo e del patrimonio umano che questi, a sua volta, è chiamato a proteggere.

La pacatezza animale ricorre anche in una delle pochissime sequenze di valore e riferimento religioso. Quando Theo - che in questo punto del film ancora non sa della gravidanza di Kee e non riesce a spiegarsi, dunque, il motivo per cui la ragazza sia così importante per i Pesci - è stato portato nel rifugio del gruppo terroristico dei Pesci in seguito all'uccisione di Julian, per assicurarsi che la ragazza stia bene viene condotto da Miriam in una stalla adiacente dove la giovane è stata messa a riposare. Qui (minuto 36:54) Kee gli svela la verità fondamentale mostrandogli il ventre. La rivelazione della gravidanza, se unita all'ambientazione all'interno di una stalla, ha netti riferimenti con la ben più nota natività cristiana. In questo caso, però, al posto della vergine Maria c'è una prostituta immigrata di colore, e il figlio non è figlio di Dio ma di padre sconosciuto. A primo acchito sembrerebbe una sorta di semplice traduzione blasfema di un concetto sacro a scopi narrativi significanti. La sostanza effettiva di una simile scelta, però, risiede sempre sullo sfondo, in questo caso ideologico. Oltrepassando qualunque riferimento religioso e prendendo, di conseguenza, questa sequenza come semplice elemento di paragone a scopo significante, ciò che a livello cristiano rappresenta una cima massima della fede religiosa (credere ciecamente nella natura divina di una gravidanza) per Cuaròn arriva ad avere un ruolo di fede puramente umana, dove se c'è qualcosa di sacro questa è unicamente ascrivibile alla sacralità, appunto, insita nella necessità di recupero dei rapporti umani, nel ripristino della comprensione circa il valore supremo della vita umana e della reciproca comprensione esistenziale perduta.

Non meno importanti, naturalmente, sono gli aspetti più sociologici e antropologici trattati da Cuaròn ne *I figli degli uomini*. L'ambito stesso dell'infertilità che fa da dinamo all'apocalittica situazione circostante è una grande metafora sociale. Come sottolinea Žižek, il film di Cuaròn opera «un'ottima diagnosi della disperazione ideologica del capitalismo e di una società senza Storia. […] L'infertilità, allora, è la mancanza di una significativa esperienza storica». Orrori dei lager nazisti, gulag, deportazioni, Kosovo, ex Jugoslavia, Abu Grahib, Guantánamo, striscia di Gaza: tutte esperienze storiche - ma anche contemporanee - di cui l'uomo sembra non avere più considerazione nella sua perenne condizione di infertilità spirituale guidata da classismo, razzismo, xenofobia e ossessione di una fantomatica sicurezza non più dal diverso ma dal proprio simile.

Quale soluzione inscenare, allora, per offrire uno spunto concettuale valido? Dopo l'ultimo perfetto piano sequenza (dal minuto 1:20:26 al minuto 1:26:29) che vede Theo affrontare nuovamente i Pesci nella loro irruzione nel campo profughi in cerca della ragazza incinta, riuscendo a recuperarla e a portarla fuori dalla distruzione e dal caos assoluto rappresentato da una estrema guerra civile a colpi di artiglieria pesante, Cuaròn offre a Theo e Kee una via di fuga in mare aperto rappresentata da due barche: la scialuppa di salvataggio su cui Theo, ferito a morte, trasporta la ragazza e la nave Tomorrow del Progetto Umanitario (fig. 46). Come fa notare Žižek, una barca è per definizione «una cosa che non ha radici, galleggia libera. È questa la soluzione: dobbiamo accettare di non avere più radici. La barca è la soluzione nel senso di non avere radici, accettare di galleggiare» in un contesto attuale in cui per globalizzazione non si intenda più soltanto assenza di frontiere economiche - mentre quelle umane si fanno sempre più solide[68] - ma unificazione interpersonale tra individui appartenenti allo stesso pianeta. Una vera e propria esigenza di rinascita interiore, insomma, che ciascun individuo deve necessariamente ritrovare se vuole dar seguito a un'esistenza dotata di senso e priva di macerie morali. Idea, questa, a cui Cuaròn sembra essere molto

---

[68] A tal proposito, è interessante notare come proprio l'ambito delle frontiere umane sia al centro anche di un'altra importantissima pellicola a firma di un altro autore messicano di rilevanza internazionale. *Babel* di Alejandro González Iñárritu (2006), infatti, attraverso anacronie e dislocazioni geografiche, tratta proprio l'incomprensione e la distanza emotiva, culturale e spirituale tra gli esseri umani offrendo rispettive soluzioni interiori.

120

dedito poiché ne fa l'asse portante anche del suo metaforicamente imponente film successivo, *Gravity* (2013), incentrato sull'odissea di due astronauti nello spazio per simboleggiare la percezione "fuori dal mondo" di una condizione esistenziale in cui regna un certo senso di tristezza e dispersione individuale da estirpare per rinascere dentro, dalle proprie stesse acque, dal cordone ombelicale del proprio stesso valore. E non è un caso nemmeno se il perno portante di entrambe le pellicole ruota attorno all'essenza femminile - il sesso del bambino che Kee porta in grembo ne *I figli degli uomini* così come quello del dottor Ryan Stone di *Gravity* (Sandra Bullock) - , progenitore di figli degli uomini per eccellenza.

Appendice fotografica

Fig. 1. *Il Cavallo di Torino*

121

 Fig. 2. *Il Cavallo di Torino*

 Fig. 3. *Il Cavallo di Torino*

 Fig. 4. *Il Cavallo di Torino*

 Fig. 5. *Il Cavallo di Torino*

 Fig. 6. *Il Cavallo di Torino*

122

Fig. 7. *Il Cavallo di Torino*

Fig. 8. *La quinta stagione*

Fig. 9. *La quinta stagione*

Fig. 10. *La quinta stagione*

Fig. 11. *La quinta stagione*

Fig. 12. *La quinta stagione*

Fig. 13. *La quinta stagione*

Fig. 14. *La quinta stagione*

Fig. 15. *Take shelter*

Fig. 16. *Take shelter*

Fig. 17. *Take shelter*

Fig. 18. *Take shelter*

Fig. 19. *Take shelter*

Fig. 20. *Take shelter*

Fig. 21. *Take shelter*

Fig. 22. *Take shelter*

Fig. 23. *Melancholia*

Fig. 24. *Melancholia*

 Fig. 25. *Melancholia*

 Fig. 26. *Melancholia*

 Fig. 27. *Melancholia*

 Fig. 28. *Melancholia I* (A. Dürer)

Fig. 29. *Ophelia* (J. E. Millais)

Fig. 30. *Melancholia*

Fig. 31. *Melancholia*

Fig. 32. *Signs*

Fig. 33. *Signs*

Fig. 34. *Signs*

Fig. 35. *Signs*

Fig. 36. *Signs*

129

Fig. 37. *Signs*

Fig. 38. *I figli degli uomini*

Fig. 39. *I figli degli uomini*

Fig. 40. *I figli degli uomini*

Fig. 41. *I figli degli uomini*

Fig. 42. *I figli degli uomini*

Fig. 43. *Animals* (Pink Floyd)

Fig. 44. *I figli degli uomini*

Fig. 45. *I figli degli uomini*

Fig. 46. *I figli degli uomini*

Bibliografia, flmografia e sitografia

Apocalisse di Giovanni, in AA. VV., *La Bibbia*, Società Biblica di Ginevra, edizione 2010.

Botta S., Prinzivalli E. (a cura di), *Cinema e religioni*, Roma, Carocci, 2010.

Calvino I., *Le città invisibili*, Milano, Mondadori, edizione 2012.

De Bernardinis F., *Ossessioni terminali - Apocalissi e riciclaggi alla fine del cinese colo*, Genova, Costa & Nolan, 1999.

De Martino E., *La fine del mondo - Contributo all'analisi delle apocalissi culturali*, Torino, Einaudi, 1977.

Eugeni R., *Le apocalissi del sensibile. Appunti su immagine, disvelamento, rigenerazione*, in "Mantichora", n.2, dicembre 2012.

Fontana A., *M.Night Shyamalan. Filmare l'ombra dell'esistenza*, Piacenza, Morpheo, 2007.

Gandini L., Bellavita A.(a cura di), *Ventuno per undici. Fare cinema dopo l'11 settembre*, Genova, Le Mani, 2008.

Kandinskij V., *Lo spirituale nell'arte*, Milano, SE, 1989.

Nepoti R., *L'illusione filmica - Manuale di Filmologia*, Torino, Utet, 2005.

Pasolini P.P., *Le ceneri di Gramsci*, Milano, Garzanti, 1976.

Postman N., *Divertirsi da morire. Il discorso pubblico nell'era dello spettacolo*, Venezia, Marsilio, 2002.

Quasimodo S., *Apocalisse terrestre di Michelangelo*, in *L'opera pittorica completa di Michelangelo*, Milano, Classici dell'Arte Rizzoli, 1966.

Signorelli A., Vecchi P.(a cura di), *Béla Tarr*, Bergamo, Bergamo Film Meeting, 2002.

Schrader P., *Il trascendente nel cinema*, Roma, Donzelli, 2010.

Brosens P., Woodworth J., *La cinquième saison*, Dvd film, col., 93', Imagine Film, 2012

Cuaròn A., *I figli degli uomini*, Dvd film, col., 109', Universal Pictures, 2007

Lamoure J.M., *Tarr Béla. I used to be a filmmaker*, Dvd film, col., 88', MPM Film, 2013

Nichols J., *Take shelter*, Dvd film, col., 121', Eye Division, 2012.

Shyamalan M.N., *Signs*, Dvd film, col., 107', Touchstone Home Entertainment, 2003.

Tarr B., *Il cavallo di Torino*, Dvd film, B/N, 149', Eye Division, 2011.

Von Trier L., *Melancholia*, Dvd film, col., 130', Bim, 2012.

---

www.cineuropa.org

www.formacinema.it

www.mantichora.it

www.ondacinema.it

www.pointblank.it

www.youtube.com

Lightning Source UK Ltd.
Milton Keynes UK
UKOW02n0519060516

273651UK00001B/10/P